豆腐《とうふ》百珍《ひゃくちん》

福田浩❖杉本伸子❖松藤庄平

JN301121

とんぼの本

新潮社

【目次】

江戸料理と『豆腐百珍』

料理・解説　福田浩
レシピ　杉本伸子
撮影　松藤庄平

背景は『豆腐百珍』挿図より

江戸料理と『豆腐百珍』

福田浩

江戸の料理本

江戸時代に出版された料理本は、写本の類などを加えて五百冊は下らぬであろうといわれる。料理本といっても、単に料理だけのものに限らず食品加工や保存に関するもの、献立を主にするもの、有職故実《ゆうそくこじつ》を解説したものなどがある。菓子の本や薬膳の本もある。料理にしても茶料理を始め、本膳料理、精進料理、卓袱《シッポク》料理、中華料理、南蛮料理などさまざまである。

『料理文献解題』（川上行藏編・一九七八）は江戸時代の料理本二百冊を取り上げているが、寛永時代、元禄時代、安永・天明から文化・文政時代にかけ、それぞれの文化の繁栄に符合して出版点数が多い。中でも江戸時代最初の刊本といわれる『料理物語』（寛永二十年・一六四三）の出現は前の時代の古い殻を破り、新しい時代の料理を目指した点で、画期的であった。

日本料理は、室町後期から江戸初期にかけて基礎が出来、江戸時代を通じて発展し、熟成に至ったとされる。室町時代の料理様式は公家や武家の饗応料理で、規式に従った式正《しきしょう》料理であった。

『料理物語』の巻末の一文は一読、時代の移り変わりを伝えるものである。

右料理之一巻は包丁きりかたの式法によらず唯人之作次第の物なればさしてさだまりたる事はなく候へども先いにしへより聞つたへし事けふまで人の物かたりをとむるにより料理物語と名付侍る――

と、もはや規式には則らないことを明確にしている。

その『料理物語』でわかることは二点ある。

第一は海の魚、鯛が、川の魚、鯉より上位におかれていることである。跋文の「包丁きりかたの式法によらず」の式法とは、室町時代の式正料理における四條流、大草《おおくさ》流、進士《しんじ》流、生間《いかま》流など料理諸派による庖丁儀式などをさす。現在でも時折見ることのある庖丁式でまな板に上る魚は鯉であるが、実際の食味は鯛に軍配が挙げられる。海魚は若狭からの塩物しか入らぬ京都は「川の都」であり、魚の豊富な江戸湾を眼前にする江戸は「海の都」である。京都から江戸への政権の移動が食物や料理に大きな影響を及ぼしたことがわかる。

　第二は、江戸の初期には獣肉を食べていたことである。鹿、猪、狸、兎《うさぎ》、川うそ、熊、いぬなどが汁、田楽、貝焼などの料理に使われている。狸汁、鹿の汁の吸い口にニンニクとあるのも珍しい。跋文に「先いにしへより聞つたへし事」にはこうした獣肉料理が食べ続けられていたことも含む。肉食禁忌の仏教を背負いながら、肉のうまさを忘れることはなかったのであろう。

　元禄時代前後にはさまざまな料理本が顔を出す。『江戸料理集』（延宝二年・一六七四）は六巻六冊の大部で『料理物語』を一歩推し進めた内容を持つ。『本朝食鑑』（人見必大、元禄八年・一六九五）は中国の『本草綱目』を参考に、わが国の日常食品について解説している。『和漢精進新料理抄』（浪華住吉岡氏、元禄十年・一六九七）は中国と日本の精進料理の、『古今名物御前菓子秘伝抄』（享保三年・一七一八）はわが国最初の菓子の本である。『南蛮料理書』は写本だが元禄前後の成立と見られ、「あるへいと、こんへいと、てんふらり」など、現在に名を伝えるものがある。

　茶道は本来、上流階級のものだが、「家はもらぬほど、食事は飢《うえ》ぬほどにてたる事なり。これ仏の教《おしえ》、茶の湯の本意なり」とする利休の侘茶の精神をよそに、『茶之湯献立指南』（遠藤元閑、元禄九年・一六九六）では「昔はあまり相《ソ》麁《ソウ》にて黒米飯おつ立汁塩鰯を焼て山折敷にすへ。出す時代は夫其風おもしろきとて茶之湯も。はやる今は御世長久に治たる時節故人の腹中もこへ昔の料理にては、中〳〵茶之湯は。いやと思ふ時代なり」と、まさに元禄の世を映しだす。

　京都では寛文の頃に、祇園・八坂神社に豆腐田楽を商う二軒の茶屋があった。『豆腐百珍』の口絵にある「ふちや」と、今も続いている「中村楼」であるという。大坂では大小の貝の盃で酒を呑ませる「浮瀬《うかむせ》」という店が評判で、江戸は少し遅れて明暦の大火（一六五七）の後、浅草に奈良茶飯のセット（茶飯、豆腐汁、煮染）を食べさせる茶屋が出来る。

　享保時代の江戸は、ロンドン、パリを凌ぐ百万都市となり、人口の半数、五十万は町方で占められていたというが、地方からの流入者は絶えずあり、屋台や振売りなどの外食が必然的に多くなっていった。

江戸時代の豆腐料理

　わが国で豆腐の文字が最初に現れるのは寿永二年（一一八三）。奈良・春日神社の供物帖に「唐符」とあるのが初見であるとい

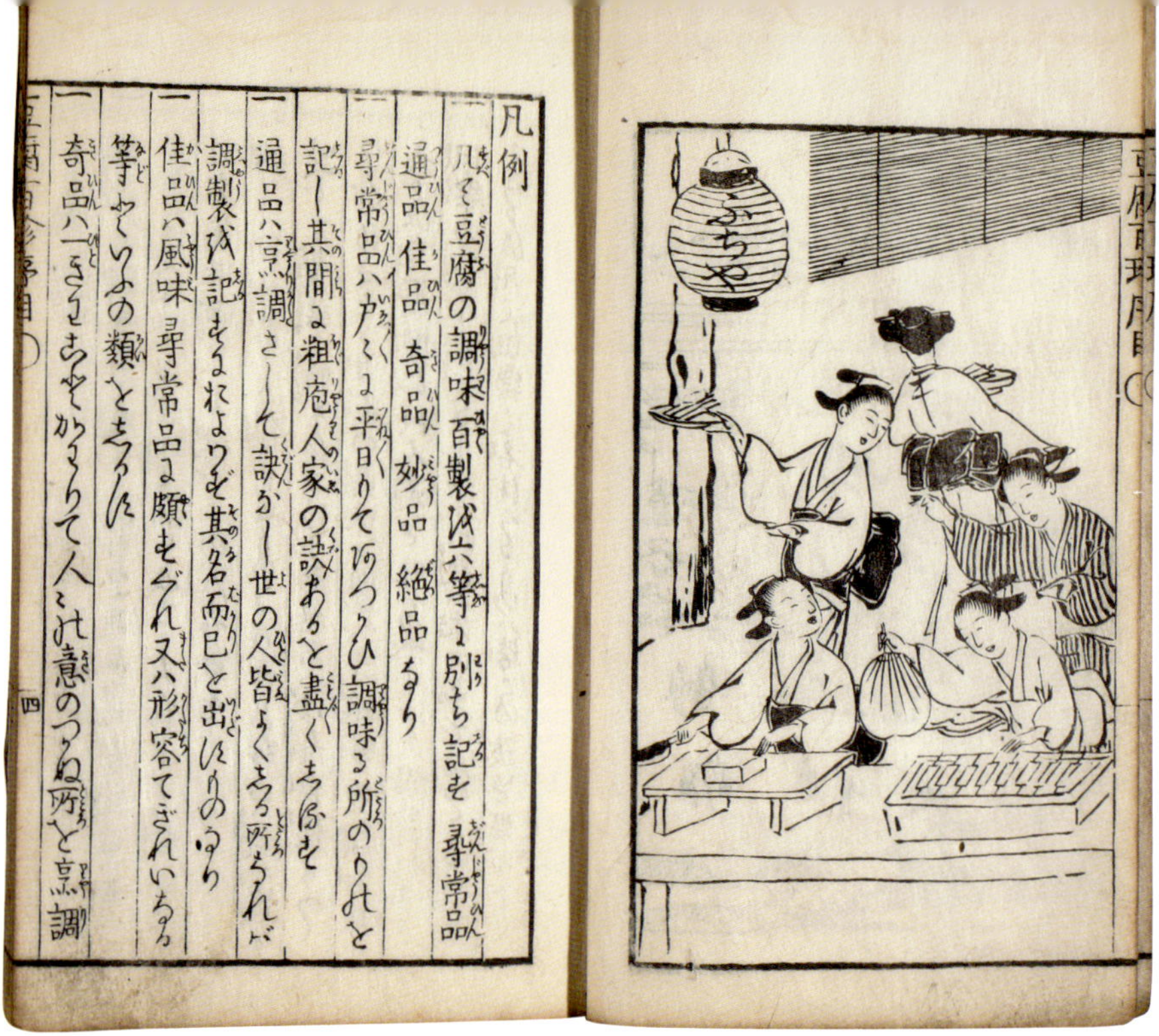

『豆腐百珍』挿図と凡例

う。豆腐は九～十世紀頃、中国で生まれ、遣唐使船で渡った留学僧、留学生らが製法と製品（生の豆腐は当然腐ったろうが、干したもの、湯葉など）を持ち帰ったのではないか。「唐符」という文字からも想像できることである。そして豆腐の伝来は、中国からのそれだけでなく、豊臣秀吉の朝鮮出兵（文禄～慶長、十六世紀末）のとき、土佐の長宗我部元親の連れ帰った捕虜の中に豆腐製造の技術者がいて、作られるようになったともいう。

　さて、豆腐の文字初見から六百年後、天明二年（一七八二）に『豆腐百珍』が発刊されるわけだが、この本の出現以前にも豆腐料理の数々があった。

　豆腐料理の名前が初見されるのは『大草家料理書』である。大草家は室町時代の庖丁流派のひとつで、この書の成立は当然同時代のものと思われるところだが、内容から見て江戸初期頃の成立ではないかとされる。「うどん豆腐」「あん豆腐」「とや豆腐」の三品が出ている。

　次に『料理物語』を覗いてみよう。青物の部に、「たうふ汁　でんがく　うどん　ふわく〳〵　こほり　いせだうふ　六でう　茶や　きじやき」「うば　汁　茶ぐはし　にもの　色〳〵」、煮物の部に「料理どうふ　とうふ玉子」とある。料理ではないが、蕎麦きりの項でそばのつなぎに豆腐を使ってもいる。

　『料理献立集』（寛文十年・一六七〇頃）は献立の本として最初のもので、汁や鱠《なます》を一年分、月ごとにまとめている。汁の献立では、だいたい毎月二、三種類、豆腐の入った汁があり、焼豆腐の使用が一番多い。「あへまぜ」「すあへ」といった和え物では油揚げを使い、「六条豆腐」や煮物になると、豆腐に白胡麻を摺りまぜたり、おからを使ったりしている。

元禄時代に入ったばかり、『合類日用料理抄』（元禄二年・一六八九）を見ると、「くづし豆腐」の方法として、手で潰し、水気を半分とる、といっているから豆腐は大分柔らかくなってきているようだ。油揚げは、熱湯で二、三度油抜きするというのだから、よほど油っこいのが敬遠されていたようだ。

『料理網目調味抄』（享保十五年・一七三〇）の著者、嘯夕軒宋堅は茶人らしく、厳しい料理心得を説いているが、江戸は白味噌を好まず赤味噌が主で、大坂は魚の料理が多く、京は海が遠く塩干物を使い、料理上手であると、三都の区別を明解にしている。また「織部豆腐」「湯豆腐」「飛龍頭《ひりようず》」「黄檗豆腐」「凝《こごり》豆腐（凍豆腐、すなわち高野豆腐のこと）」などの料理が説明付きで記されている。

それにある「黄檗豆腐」だが、水切りしてから醤油の付焼きにしたものとなっている。五十年後の『豆腐百珍』では、油で揚げてから醤油で煮たものと、崩した豆腐を炒め、醤油で味つけしたものの二通りである。現在、京都・宇治の黄檗山万福寺門前で売られているものは隠元禅師直伝の豆腐羹《かん》といい、焼きも揚げもせず醤油に浸してから煮たもので、ここは三百余年前と変わらぬ製法というが、三者三様で、同じ料理名でも長い年月の間に中身が変化していくものだということを示している。

『料理山海郷』（博望子、寛延二年・一七四九）と『料理珍味集』（宝暦十四年・一七六四）は著者が同じで姉妹本である。「ちゝぶでんがく」「伊勢豆腐」等、地方名を付けた料理が多く、都市と地方の往来がしきりであったことがわかる。また、「雲掛豆腐」「春の雪」「精進かわ鯨」等、見立ての料理名が目につく。単に作って食べるだけでなく、料理を楽しみ、食に遊ぶという傾向がうかがえる。特に豆腐料理の記載が目立ち、『豆腐百珍』はこの本を大いに参考にしているようだ。

その他、豆腐の名はついているが、豆腐を使わない、豆腐もどきの料理がある。豆の粉にうどん粉をまぜてうどんのように作る「紛《まが》い豆腐」や、豆の粉に米の粉を入れてこね、味噌焼き

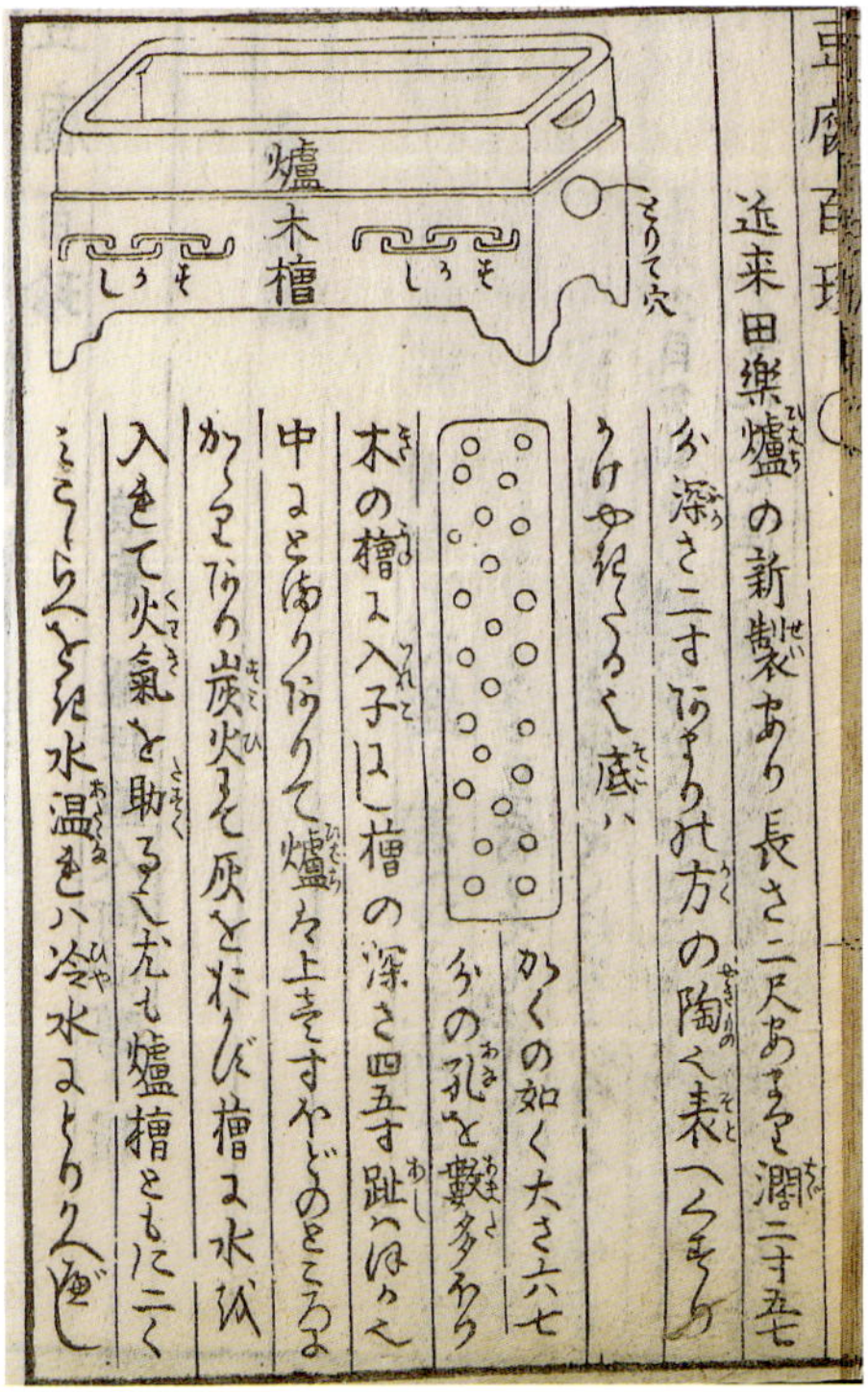

『豆腐百珍』に紹介された田楽炉の新製品

にして汁に入れる「寺田粉豆腐」などで、豆腐の湯（豆乳のことか）を使った漬物「近江蕪丸漬」も珍しい。こうして豆腐もどきの料理が見られることは、豆腐の普及と浸透を物語るもので、やがて出現する『豆腐百珍』を予感させるものがある。

『豆腐百珍』について

『豆腐百珍』は天明二年（一七八二）五月に刊行された。題名のごとく、豆腐を使った料理百品とその作り方を並べたものである。著者は醒狂《せいきょう》道人《どうじん》何必醇《かひつじゅん》、版元は大坂高麗橋壱町目の春星堂藤屋（北尾）善七。好評につき、次の年には『豆腐百珍続編』が、さらに後には『豆腐百珍余録』が出版されている。さらには、『鯛百珍料理秘密箱』『大根一式料理秘密箱』『甘藷百珍』などが次々と世に出され、百珍物が一世を風靡するきっかけともなった。身近で淡泊な豆腐という一素材で、百通りの料理を展開するという遊びの精神が、当時も大いに受けたのであろう。著者の何必醇についてははっきりしないが、篆刻家《てんこくか》の曾《そ》谷《や》学川《がくせん》ではないかという説が強い。いずれにせよ、実際に庖丁を持つ料理人ではなく、文人が趣味で著したものと思われる。

『豆腐百珍』では豆腐料理百品を六等級に分け、凡例にその分類と品評の理由を記している。順を追って解説と感想を試みるが、まず百品全体の料理方法を見てみると、

煮る（蒸す、茹でるを含む）	五十五品
焼く	二十品
揚げる（炒めるを含む）	十六品
生	二品
調理法に触れていないもの	七品

となっている。料理によっては焼いてから煮る、とか、蒸してから揚げるといった方法をとるものなどがあるが、右はあくまで最後の仕上げの料理方法である。

そして調味の内容は、

味噌	十八品
醤油	四十四品
酢	三品
塩	三品
好みで	七品
調味に触れていない	二十五品

となっており、折しも、関東の醤油が力をつけてきて、調味料の主役が味噌から醤油へと移りつつあることを裏付けている。

今回、実際にその百品を作ってみたわけだが、ひとつ断っておきたいのは、調理法で細かい記述がないところをこちらで補ったり、少し変更したりした点があることである。また、用いる豆腐の種類も、現代の木綿豆腐・絹ごし豆腐を鑑みて特定したものもあるが、豆腐の固さなどは地方によっても異なるので、おのおの、ご自分で試してみて頂きたいと思う。

尋常品《じんじょうひん》

凡例に「尋常品は、どこの家庭でも常に料理するものだが、その中にも料理人の秘伝といったものがあればすべて書き記した」とあり、「木の芽田楽」「雉子《きじ》焼《やき》田楽」以下二十六品を挙げている。最初に「木の芽田楽」「雉子焼田楽」が登場するのは当然であろう。田楽は豆腐料理の中でも最も古いものの一つで、代表料理であり、いわゆる味噌田楽は各地で名物料理となっている。ただ意外に難しい料理でコツを摑むまでちょっと習練の手間がかかる。「湯を大盤《おおはんぎり》に一杯に張り、豆腐を切るのも串に刺すのも、その湯の中ですれば、やわらかな豆腐でもうっかり落としたりする心配がない」と、豆腐の扱い方から書き出しているのは、まず素材を知ることの大切さを読者に注意しているのであろう（ただしこの方法は、やってみると実は難しく、今の豆腐ならば押して水気を切ってから串を刺す方が良い）。又、田楽用の炉の新製品を図入りで紹介しているのを見ると、当時、豆腐田楽は相当に流行していたようである。

「高津《こうづ》湯豆腐」のところでは、このように豆腐に葛あんをかけて食べるのは京都にも江戸にもあり、といっている。この料理も一般に親しまれている一品であることがわかる。

「草《そう》の八杯豆腐」も惣菜の中で最も重宝された料理で、江戸後期に盛んに刷られた料理番付で常に最高位を張っている。

ところが、「結び豆腐」のように簡単には出来ぬもの、「草のけんちん」「凍《こごり》豆腐」「金砂《すなご》豆腐」のようにちょっと手間のかかるものなど、どう考えても家庭で日常作る料理とは思えぬものがある。「松重ね豆腐」「梨豆腐」「墨染豆腐」などはさして難しいものではないが、名称からしてどうも料理店で出てくる一品のようであるし、「鶏卵《たまご》豆腐」にしても尋常な品とは受け取れない。

想像するに、豆腐が全国的に普及し、地方でも都市でも豆腐料理の多彩な展開が見られるようになった当時、なお一層の関心を抱く者も見込んで、料理人の秘伝公開などという興味をからめて、本に衆目を集めようとする魂胆があったのではなかろうか。

実際に作って食べてみて印象的だったのは「飛龍頭《ひりょうず》」である。関東でいうがんもどきだが、現在では豆腐全体に加薬《かやく》（具）を混ぜてから揚げるが、当時は饅頭のあんのように、加薬を豆腐で包んで揚げた。口の中で野菜のうまさと揚げた豆腐の衣が混ざり合い、こちらの方が格段においしい。手間をはぶくために、次第に現在のような料理法になってしまったのだろう。

一つ上の格付けである「通品」と比べると、明らかに「尋常品」のほうが料理としての格は上のように見える。当時、立読みなどということがあったかどうかは知らないが、本を買うとき、最初の目次をひと目見て判断することがある。二十六品全体を眺めてみると尋常品の域を出た料理が華やかに並んで、如何にも料理の世界へと誘っているかのようである。

一

木の芽田楽

このめでんがく

【材料】

木綿豆腐、醤油

田楽味噌（白味噌・味醂）、粉山椒

青寄せ

【作り方】

①豆腐は田楽用に下拵えをする（34頁参照）。

②白味噌を味醂で伸ばした味噌を火にかけて練り、粉山椒を好みの量加える。

③豆腐に串を刺して（44頁参照）、両面とも軽く炙り、醤油をかけて下味をつける。

④田楽味噌を片面に塗り、焦げ目がついたら出来上がり。

料理屋風に〝木の芽〟色に仕上げる場合は、味噌に青寄せを加えて緑色に仕上げる。

青寄せ——ほうれん草または小松菜を細かく刻んで摺り鉢で摺り、水をたっぷり加えて漉し、色水をとる。この色水を鍋で静かに煮立てると、葉緑素が寄ってくる。これが青寄せ。丁寧にすくいとって、ガーゼか布巾にとり完全に水気をとる。

食べてみました

やや甘めに仕上げた味噌が豆腐に合い、粉山椒がキリッと味を引き締めている。香ばしさもまた格別。1本、2本とつい手が伸びてしまう。

二

雉子焼田楽

◉きじやきでんがく

【材料】

木綿豆腐

醤油

つけ醤油（醤油と酒同量・好みで味醂。

摺り柚子）

【作り方】

①豆腐は田楽用に下拵えをし、串に刺して両面とも軽く炙り、醤油をかけて下味をつける。

②つけ醤油は醤油と酒を合わせ、さっとひと煮立ちさせる。猪口に入れ、摺り柚子を添える。

食べてみました

シンプルなだけに、豆腐の旨みが味わえ、酒の肴になる。

三 あらかね豆腐

◉あらかねどうふ

【材料】

木綿豆腐

酒、醤油

粉山椒

【作り方】

①豆腐はしっかり水切りをし、表面の水分も布巾かペーパータオルで拭き取る。

②鍋を熱し、そこに①の豆腐を手でつかみ崩しながら入れる。火は強火。

③5、6本の箸でかき混ぜながら、豆腐の水分を飛ばす。鍋に豆腐がくっついたり、大きさがまちまちであっても構わない。ともかく手早くがポイントだ。

④水気がなくなったところで酒と醤油を加えて万遍なく混ぜ、火を止めて粉山椒をふり込む。

食べてみました

あっと言う間にできる一品だが、なかなかの味わい。

四

結び豆腐

◉むすびどうふ

【材料】

絹ごし豆腐
すまし汁

【作り方】

（64頁参照）

①長方形の豆腐を厚みは薄く、細長く切る。
②豆腐を結びやすい固さにするために、湯の中に暫く浸す。
③湯の中で注意深く、ゆっくり豆腐を結ぶ。
④写真は小振りの椀に入れ、すまし汁を張っているが、調味は好みで。

食べてみました

豆腐を結ぶという意外性で、単なる豆腐が華やかさを増す。

五 はんぺん豆腐《はんぺんどうふ》

【材料】

木綿豆腐
長芋
塩ひとつまみ
美濃紙（手漉きの和紙）
すまし汁、葛

【作り方】

①豆腐はしっかり水気を切っておく。
②長芋は擂りおろす。
③豆腐と長芋の割合は同量。ただ、粘りのある長芋の場合は、長芋の量を控えるのがコツ。この二つにひとつまみの塩を加えてよく擂り混ぜ、軽く大さじ2杯の量を和紙でしっかり包む。
④湯が沸騰したら湯の中に③を入れ、弱火にする。浮き上がってくると出来上がり。湯から引き上げて冷まし、紙を取る。
⑤用途は煮物や椀種に。写真は、葛でとろみをつけたすまし汁をかけてある。

食べてみました

魚で作るはんぺんとは違い、淡泊でさらりとしていながら、滋味にあふれている。

六

高津湯豆腐《こうづゆどうふ》

【材料】

絹ごし豆腐
出し汁
醤油、味醂
葛
からし

【作り方】

①四半分に切った豆腐を、湯豆腐の要領で温める。
②出し汁に醤油と味醂を加えて味を調え、葛を引き、あんを作る。
③豆腐は、網杓子などで崩れないように湯から上げ、乾いた布巾に網杓子ごとのせて水気を切り、深めの器に入れる。水気があるとあんが薄くなるので要注意。
④あんを豆腐の上から静かにかけ、豆腐の中央にからしをのせる。

食べてみました

醤油と味醂が効いたあんが、豆腐の淡泊さとマッチし、舌にも胃にも優しい。また、暑い夏にも、寒い冬にもそれなりの旨さを発揮し、春夏秋冬食卓にのせたい一品である。

七 草の八杯豆腐《そうのはちはいどうふ》

【材料】

木綿豆腐
八杯汁（水または出し汁6・醤油1・酒1、都合8杯で八杯汁と呼ぶ）
葛、大根おろし

【作り方】

①豆腐はうどんのように長く太く切り、湯に入れて温め、大きめの網杓子ですくい取り、水気を切って器に入れる。

②八杯汁の調味料を合わせてひと煮立ちさせ、葛を引き、少々とろみをつけて器に張る。大根おろしは軽く水気を絞ってから豆腐の上にたっぷりのせる。

食べてみました

もちろんうどんのようにツルツルとはいかないが、出し汁と大根おろしの旨さ、そして趣向がおもしろく、箸がすすむ。

八

草のけんちん

そうのけんちん

【材料】
木綿豆腐
加薬（ごぼう・木耳・生麩・栗・芹または青菜・銀杏）
干し湯葉、干瓢
油、酒、醤油

【作り方】
①豆腐1丁を12片ほどに切り、油でさっと素揚げし、その後1片を半分に割って細く切る。市販の生揚げで代用してもいい。
②水で戻した木耳、ごぼう、生麩、むき栗は千切りに、芹は粗みじん切りに、銀杏は二つ割に。
③鍋に多めの油を熱し、まず銀杏、栗、ごぼうを炒め、次に木耳、生麩、豆腐を入れ、しんなりするまで炒め、芹を加えて醤油で下味をつけ、冷ます。
④水で戻した湯葉を広げ、③の具を厚さ約1・5センチに万遍なく敷き、きっちり巻いて干瓢で結ぶ。
⑤酒と醤油で④を静かに煮る。

食べてみました

中国料理の流れを汲む「けんちん」を、和風にアレンジ。手間はかかるが、味が複層的で旨い。

九

霰豆腐《あられどうふ》

【材料】
木綿豆腐
揚げ油

【作り方】
①水気を切った豆腐を、1〜2センチのさいの目に切る。
②ざるに切った豆腐を10個ほど入れ、水にひたしながら丸くなるまでやさしく振る（34頁参照）。一度に大量に入れると崩れやすい。
③丸くなった豆腐を、乾いた布巾やペーパータオルにのせて水気を取る。
④170度の油で、色が均等につくようにかき混ぜながら揚げる。ペーパーなどに取り、油を切る。

食べてみました

調味は原文では好みとなっているので、塩をぱらりとふって。香ばしく、豆腐の甘味が強調され、ビールや酒のつまみにもってこいだ。吸い物やスープの浮実にもいい。

十

雷豆腐

かみなりどうふ

【材料】
木綿豆腐
胡麻油
醤油
小口切りの葱、大根おろし、山葵の千切り

【作り方】
①豆腐は水気をしっかり切る。
②鍋にたっぷりの胡麻油を熱し、そこへ豆腐を手でつかみ崩しながら入れ、手早く炒める。醤油で味を調え、火を止める寸前に葱を入れる。大根おろし、山葵を添える。

食べてみました
炒めものに大根おろし、千切りの山葵と、取り合わせの妙、そして味の妙が憎い。ご飯の菜にも酒にも合う、感激の一品である。

十一 再び田楽《ふたたびでんがく》

【材料】
木綿豆腐
醤油
田舎味噌（信州味噌など）
酒

【作り方】
①豆腐は田楽用に下拵えをし、串に刺して両面とも軽く炙り、醤油をかけて下味をつける。
②田舎味噌と酒を合わせ、弱火でツヤが出るまで練る。
③豆腐の片面に味噌をつけ、焦げ目がついたら出来上がり。

食べてみました
田楽の原型ともいうべきシンプルで素朴な味わい。

十二

凍豆腐《こごりどうふ》または高野豆腐《こうやどうふ》

【材料】

木綿豆腐

【作り方】

冬季晴天の夜、氷点下の屋外で凍結させ、日中は取り込んで夜半に出すことを繰り返し、完全に水分を飛ばして乾燥させる。ただし、高野豆腐に使う豆腐は、豆乳の濃度が一般の木綿豆腐より格段に高い。

十三

速成凍豆腐《はやこごりどうふ》

【材料】

木綿豆腐

【作り方】

原文には、切って熱湯をかけて外に出し、極寒に一夜だけさらして、翌日使うものとある。家庭では、冷凍庫を利用すれば似たものが作れる。

食べてみました

凍豆腐とは違った歯触り、食感が楽しめる。
余った豆腐を冷凍庫で保存しておくと、重宝する。

十四 摺り流し豆腐《すりながしどうふ》

【材料】

絹ごし豆腐、葛、味噌汁、割り胡椒

【作り方】

①絹ごし豆腐は一度裏漉しをしてからよく摺り、約1割から2割の葛を混ぜる。

②煮立つ寸前の味噌汁に、①を流し込む。味噌汁の温度が低いとうまく固まらず、反対に高すぎると散ってしまう。吸い口に割り胡椒を。

食べてみました

豆腐は鱈の白子のような舌触り、喉越し。吸い口の割り胡椒が味を引き締めている。

十五 押し豆腐《おしどうふ》

【材料】

木綿豆腐、醬油、酒

【作り方】

①豆腐は布巾に包んで重しをのせ、よく水気をとる。

②同量の醬油と酒で煮しめる。煮加減は好みだが、豆腐の味を生かす場合は、周りだけ煮汁がしむ程度に。しっかり煮込めば数日間保存が可能。

食べてみました

よく煮てあるので結構辛いが、想像以上に後味がいい。この品もご飯の菜にも、酒の肴にもなる。

十六 金砂豆腐

●すなごどうふ

【材料】

木綿豆腐

卵白

塩少々

茹で卵の黄身

砂糖

かまぼこ板

【作り方】

①重しをして水気を切った豆腐を摺り鉢で十分に摺り、卵白と塩を加え、なめらかになるまで摺る。

②かまぼこ板の上に、①を1センチほどの厚さにのばす。

③裏漉しした卵黄に砂糖を加えて混ぜる。②の上に黄身をのせ、こぼれないように軽く押さえる。

④蒸し器の湯気が出てから15〜20分間蒸しあげ、冷めてから色紙形に切る。

【食べてみました】

見た目に美しく優しい味で、口取りに恰好の一品。

十七

ぶっかけうどん豆腐

ぶっかけうどんどうふ

【材料】

絹ごし豆腐

醤油

薬味（大根おろし・花がつお・小口切りの葱・唐辛子）

【作り方】

①豆腐をきしめん状に切り、水に放つ。網杓子ですくい、鉢に入れる。原文にはないが、鉢に湯を注ぎ、温まったところで湯を切る。

②煮返した醤油をうどん豆腐にかけ、薬味を色よく形よく盛る。

食べてみました

うどん豆腐の長さは約17センチ。途中で切れないように食べるのはいささかむずかしい。が、シンプルでいて薬味が味を引き締め、あっと言う間に食べてしまう。

十八 敷き味噌豆腐《しきみそどうふ》

【材料】

おぼろ豆腐
山葵味噌（白味噌・酒・擂った白胡麻・擂った胡桃・おろし山葵）
花がつお

【作り方】

①山葵味噌は、山葵を除いた材料を合わせ、中火でツヤが出るまで練り、仕上げにおろし山葵を加える。
②温めた器に①の山葵味噌を敷き、周りに花がつおを置く。
③おぼろ豆腐を湯煮し、煮え加減のいいところで網杓子ですくって山葵味噌の上にのせる。

【食べてみました】

やわやわとしたおぼろ豆腐を、香ばしく、また、山葵の香りがツンと立つ味噌とからめて食べる。なかなか贅沢で粋な一品だ。

十九　飛龍頭《ひりょうず》

【材料】

木綿豆腐
葛、塩少々、小麦粉
加薬（ごぼう・椎茸・人参・木耳・麻の実・茹でた銀杏）
醤油、酒、揚げ油

【作り方】

①豆腐は水気を切り、擂り鉢でよく擂る。塩少々と葛を豆腐に加えてさらに擂る。

②ごぼうは針切り、椎茸、人参、木耳は千切り、銀杏は半割に。これらを油で炒め、少量の醤油と酒で下味をつけ、火を止めてから麻の実を加える。

③②の具を①の豆腐で包み、適当な大きさに丸める。加薬は豆腐に混ぜてしまうより、饅頭式の方が、味はいい。

④カリッと揚げるために豆腐に小麦粉をまぶし、170〜180度の油で揚げる。その際、揚げ色が均等につくように動かしながら揚げるのがポイント。

食べてみました

なるほど、豆腐と具が全体に混じっているよりも、豆腐の皮がパリッとし、揚げぎょうざのような食感。揚げたては文句なしに旨い。

二十　濃醤《こくしょう》

【材料】

木綿豆腐

白味噌と他の味噌を合わせた濃いめの味噌汁

花がつお、粉山椒（原文には摺り山椒とある）

【作り方】

①固めの豆腐にするために押して水気を切り、四つ切りにして味噌汁に入れ、紙蓋をしてコトコト10～15分煮る。味噌は好みだが、白味噌を加えると柔らかな味になる。これは鯉こくと同じ調理法だ。

②器に豆腐を盛って汁を張り、花がつおをつんもりと天盛りに。出す寸前に粉山椒をふる。

食べてみました

豆腐は味噌汁の具としてベスト5に入るが、濃いめの味噌で煮るとまた違った風味になる。素朴な料理だが、使う器によっては立派な客料理の一品になる。

丼一

ふわふわ豆腐

ふわふわどうふ

【材料】

木綿豆腐または絹ごし
卵1個
すまし汁
割り胡椒

【作り方】

①豆腐は擂り鉢でよく擂り、卵をよく泡立て、両方を万遍なく混ぜ合わせる。

②小さめの鍋にすまし汁を煮立たせ、静かに①の豆腐を流し込んで蓋をする。豆腐がふわふわと盛りあがると出来上がり。割り胡椒をふりかけて供する。

食べてみました

舌にも胃にもやさしい美味しい料理だ。豆腐と卵が渾然一体となり、口中でふわふわと溶けていく。味の決め手は少し濃いめのほどよい味に調えたすまし汁。すまし汁の旨さでこの料理の良し悪しは決まる。ご飯にかけて「ふわふわ丼」にしても結構いける。

廿二 松重れ豆腐

まつかさねどうふ

【材料】
木綿豆腐
卵白
水前寺海苔
小麦粉

【作り方】
①豆腐は押しをして水気を切り、擂り鉢でよく擂り、卵白と合わせる。
②水前寺海苔の上に、茶漉しに入れた小麦粉を軽くふりかけ、その上に①の豆腐を海苔の倍の厚さに均等に敷く。
③蒸し器で約10〜15分蒸す。味つけは好みだが、口取りの場合は山葵醤油やからし醤油で。また、椀種にもいい。

【食べてみました】

およそ違った二種類の歯触り——水前寺海苔のプリッとした感触、豆腐の軽いモチモチ感が一体となっておもしろい。

廿三　梨豆腐《なしどうふ》

【材料】

木綿豆腐
干し菜
すまし汁
柚子

【作り方】

①小松菜や大根葉などを熱湯に通し、竿か紐にかけて外に干し、干し菜を作る。
②豆腐は押しをし、擂り鉢でよく擂る。
③干し菜は揉んで粉末にし、②の豆腐に混ぜる。
④茶巾絞りのように豆腐を適量ラップで包み、茹でる。すまし汁を張り、吸い口は松葉柚子。料理名は、豆腐と細かな葉が梨の皮肌に似ているところからつけられた。

食べてみました

「梨豆腐」は干し菜の日向の匂いが漂い、何ともいえず懐かしい気持ちになる。

廿四

墨染豆腐
◉すみぞめどうふ

【材料】
木綿豆腐
昆布
すまし汁
青柚子

【作り方】
①昆布はパリッとなるまで焙り、揉んで粉末にする。
②豆腐はしっかり水気を切り、摺り鉢でよく摺り、①の粉末の昆布を加える。
③茶巾絞りのように豆腐を適量ラップで包み、茹でる。すまし汁を張り、吸い口は青柚子。昆布の色で豆腐が、僧衣の墨染めのように見えるところから名がつけられた。

食べてみました

豆腐の持つ大豆の味に、昆布の風味がさらにプラスされ、品のいい味わい。「梨豆腐」といい、「墨染豆腐」といい、江戸人の工夫は、なかなか粋だ。

廿五

よせ豆腐

よせどうふ

【材料】

おぼろ豆腐

美濃紙

葛

すまし汁

【作り方】

①豆腐を美濃紙で茶巾に包んでコトコト煮る。

②椀に葛をひいたすまし汁を張り、①を包みのまま椀に盛る。

食べてみました

包みを開いたとき、ほのかな豆腐の香りが立ちのぼる。葛あんの味が豆腐と合って上品な一品だ。

廿六 鶏卵豆腐《たまごどうふ》

【材料】
木綿豆腐
葛
人参

【作り方】
①豆腐は水気を切り、ふるった葛を入れ、摺り鉢でよく摺る。
②色のいいミニ人参を、一本そのまま柔らかく茹で、甘辛く煮含める。普通の人参の場合は、丸く棒状にする。
③ラップに①の豆腐を均等に伸ばして敷き、中心に②の人参を葛をまぶしてからのせて巻き、形を整えて蒸す。
④完全に冷めてから切り分けるが、ちょうど茹で卵を切ったような趣向になる。人参の代わりにさつまいもでも可。

食べてみました

とりたてて美味、というのではないが、前菜の一品として彩りになる。

丸くする

①豆腐は大きめのサイコロに切る。
②竹ざる、またはステンレスのざるに入れ、水を入れた大きめのボウルに半分漬けながら、ざるを静かに揺すっていくと、徐々に角がとれて丸くなってくる。

水気を切る

重しをかけて

左・通常の豆腐。
中央・田楽用――水気を切り、通常の三分の二に。
右・飛龍頭など擂りもの用――しっかり水気を切り、通常の三分の一に。
まな板の上に布巾を敷き、豆腐をのせて重しを置くが、最初から重いものをのせると豆腐は崩れるので、徐々に重いものに換えていく。

灰を使って

①豆腐を切って和紙に包み、紐で結ぶ。
②まな板またはバットに灰を平らに敷き、その上に晒木綿、そして和紙をのせ、豆腐を置く。灰は吸水の力に優れ、豆腐の形をそれほど崩さずに水気を切る。

通品

つうひん

「通品は、料理に格別に難しいことはない。一般に知られているので、料理法は記すほどのことはなく、料理名だけを記す」とあり、「焼豆腐」から「赤味噌の敷き味噌豆腐」までの十品。〝尋常〟と〝通〟はほぼ同義語だろうが、尋常品とは順序が逆なのではないかと思うほど、通品はそっけない品目の羅列にしか映らない。「料理名だけを記す」とあるが、実際に品目だけで料理法には一切触れていないのも不思議なくらいである。

「焼豆腐」は水切りした木綿豆腐を焼いたもの、「揚げ豆腐」は生揚げか、薄揚げか、あるいは角切りにして揚げたものか、各地でその大きさは違っただろうが、おそらく現在の生揚げのようなものだったのだろう。「おぼろ豆腐」は木綿豆腐が固まりかけてくるもろもろとした状態のもの、「絹ごし豆腐」は型箱に直接豆乳を流しこむ作り方で、木綿豆腐のように穴のあいた箱に布を敷いて流すのとは違う。豆腐の製法は絹ごし、木綿とも、昔も今も大差ない。

「竹輪豆腐」は擂り潰した木綿豆腐につなぎに山芋か何かを入れ、細い竹に塗りつけて焼くか、蒸すかしたもの。豆腐だけで作ってみたが、豆腐を押して水気を切る具合がまことに難しい。柔らかすぎると重みで竹の串から落ちてしまうし、固すぎると串にうまくくっつかない。通品に入れるには難しすぎる一品である。

「青豆豆腐」は青大豆で作った豆腐。今回は枝豆を加えて作ってみたが、実際に青い大豆というのがあって今でもそれを作る人がいるらしい。枝豆で作る場合はそれだけだと固まらないので、卵白などのつなぎが必要である。実は「枝豆豆腐」というのが他にあるのだが、それは葛を加えたもので、むしろ胡麻豆腐に近いものである。

以上は、料理名ではなく単に豆腐製品で、むしろ料理素材である。たぶん、これらは当時すでに出来たものが店に売っており、それで作り方が記されていないのではなかろうか。

以下も品目しか挙げていないが、「揚げ田楽」は生揚げ風のものに田楽味噌か生醤油を塗ったのであろう。「やっこ豆腐」はつまり冷奴であろうか、それともただ奴に切ったものを指すのか。「葛田楽」は「祇園豆腐のこと」とあったので作り方がわかった。葛あんで温め、麩の粉を散らしたもの。「赤味噌の敷き味噌豆腐」は、茶碗に赤味噌を敷いておいて、温めた豆腐をのせたのであろう。この四品だけが料理らしきものである。

通品十品は、それぞれが単純、というか基本的なものばかりである。特に最初の六品は、「まずは素材ありき」で、本来であればこれらが本の最初にくるべきなのだろうが、それではあまりに冒頭の魅力に欠けるということで、あえて二番目にもってきたのだろうか。『豆腐百珍』は、オリジナルというよりそれまでにあった料理法の集大成というべきものだろうが、この辺に編集の苦労がうかがわれるのである。

廿七

焼豆腐《やきどうふ》

【材料】

木綿豆腐

【作り方】

豆腐は押しをし、ある程度水気を切ってから等間隔に4、5本串を打ち、遠火の中火で両面こんがり焼く（44頁参照）。

食べてみました

大豆の香りが立ち、香ばしく、実に旨い。そのまま生姜醤油で。すき焼きに入れると、味がぐんとアップする。通常売られている焼豆腐は、ガスバーナーでただ表面に焼き色をつけただけのものが多い。じっくり焼いたものとは、味に雲泥の差がある。

廾八

揚げ豆腐《あげどうふ》

【材料】
木綿豆腐
揚げ油

【作り方】
豆腐は押しをして水気を切り、好みの大きさに切り、全体にきつね色になるように揚げる。豆腐の生っぽさを少なくするには、二度揚げにする。

食べてみました
つまり厚揚げ様のものだが、丁寧に手作りすると、ひと味もふた味も風味を増す。

廿九

おぼろ豆腐

おぼろどうふ

おぼろ豆腐は、豆乳に苦汁《にがり》を打ち、型箱に流し込む前の状態を指す。これは水分を切らない状態なので、大豆の甘みがより強く感じられる。

三十

絹ごし豆腐

きぬごしどうふ

木綿豆腐より濃く仕立てた豆乳に苦汁《にがり》を打ち、孔の空いていない型箱に入れて固めたもの。

卅一 揚げ田楽《あげでんがく》

【材料】木綿豆腐、揚げ油、田楽味噌

【作り方】豆腐は田楽用に下拵えし、素揚げしてから串を打って火にかけ、片面に田楽味噌を塗り、焦げ目がつく程度に焼く。

食べてみました

豆腐は揚げてある分味が濃く感じられ、ご飯の菜に合う。

卅二 竹輪豆腐《ちくわどうふ》

【材料】木綿豆腐、直径4~5ミリほどの竹

【作り方】①豆腐は水気を切り、摺りつぶす。

②竹に①の豆腐を竹輪のように塗りつけ、万遍なく焼く。但し、竹に豆腐をつけるのは至難の業である。原文にはないが、白身の魚の摺り身、または大和芋のおろしたものを混ぜる方が作りやすい。

食べてみました

〝労〟が多い割には、味は今ひとつ。ただ、焼きたては香ばしい。

卅三 青豆豆腐

◉あおまめどうふ

【材料】

木綿豆腐
枝豆
酒、塩
卵白半個分

【作り方】

①豆腐は水気をよく切る。

②枝豆は茹で、豆の莢も薄皮も取り、摺り鉢で摺る。

③②の豆の中に、同量の豆腐と卵白を入れ、なめらかになるまで摺り、酒と塩少々を加え、流し箱に入れて蒸す。

食べてみました

ひと口いただくと、枝豆の甘さと香りが味わえ、後口には豆腐の大豆の味が……。同じ大豆でも違った味わいが楽しめる。

卅四　やっこ豆腐《どうふ》

やっこどうふ

【材料】
木綿豆腐または絹ごし

【作り方】
豆腐は冷やさず、流水にさらす。鉢と鉢に張る水をキンキンに冷やしておくのが、秘中の秘。

食べてみました
豆腐は使う前に流水にさらした方が、いい香りに。またほどよい冷たさが、豆腐の味をより引き立てることがわかる。

卅五

葛田楽《くずでんがく》（祇園豆腐《（ぎおんどうふ）》）

【材料】

木綿豆腐
焼麩
葛あん（葛を溶き入れた吸い物より濃い味の出し汁）

【作り方】

①豆腐は田楽用に下拵えをし、串に刺して両面とも軽く炙り、醤油をかけて下味をつける。
②片面に葛あんをかけ、粗く砕いた麩を散らし、再度こんがり焼く。

食べてみました

炙られた麩が意外に香ばしく、おもしろさを出している。

卅六

赤味噌の敷き味噌豆腐《あかみそのしきみそどうふ》

【材料】

木綿豆腐

敷き味噌（仙台味噌、信州味噌、八丁味噌などを酒と味醂で伸ばしたもの）

細ねぎ

【作り方】

①豆腐は湯の中に入れて、ほんのり温める。

②器に敷き味噌を入れ、その上に豆腐を置く。

食べてみました

豆腐と田楽味噌の相性は大吉、と再確認できる。

焼く

焼豆腐

①1丁の豆腐に金串を等間隔に4、5本、平行に刺す。
②アルミ箔などを巻いたレンガ2個を写真のようにガス台にのせ、串を渡して遠火の中火でじっくり焼く。

田楽

田楽用豆腐は小さいので、レンガ2個の幅を狭めるため、まず焼き網をのせてから串の長さに合わせてレンガを置く。

下焼きは、豆腐が濡れていると味噌がつきにくいので、全体が乾く程度に炙る。

田楽用の串を刺す

串には関西串と言われる2つ割れの串と、関東串と呼ばれる1本の串とがある。
豆腐の半分の厚さのかまぼこ板などを用意し、そこから串をすべらせてゆっくり慎重に豆腐の真ん中を刺していく。
簡単なようなので目分量でやりがちだが、これは結構難しい。豆腐の真ん中を刺さないと、豆腐の重さで串から豆腐が落ちる。

佳品《かひん》

「佳品は、風味が尋常品にややすぐれ、見た目の形のきれいな料理の類である」。「なじみ豆腐」から「叩き豆腐」までの二十品。全体をざっと眺めてみて、尋常品と比べて、料理法の点でどれほどの違いがあるのかはっきりしない。むしろ名称にひと工夫した跡が見られる。

だが作り手によってはいくらかの差が出るのだろう。見た目もさほどの違いはないが、盛り付けの巧拙によっては大いに変ってくるかもしれない。同じ料理を作るにしても、土地が違えば味噌や醤油などの調味料に違いがあるのだから、当然といえば当然のことなのだ。ましてや当時は、地方による違いが現在に比べて、もっともっと大きかったはずである。

たとえば「なじみ豆腐」や「雲かけ豆腐」「瞿麦《なでしこ》豆腐」「叩き豆腐」のように、白味噌を使う料理の加減は、ふだん白味噌になじみのない関東の人間にとっては不得手なものである。白味噌仕立ての味噌椀の感覚がないと、これらの料理のコツはつかめない。かといって、関東人が全く白味噌を知らなかったというわけではない。江戸時代から現代の東京に続く代表的な料理に甘鯛や鰆の西京焼がある。西京焼とは白味噌漬けにした魚を焼いたものである。江戸では白味噌が料理屋などだけで使われる特別なものだったのでわざわざ「西京」と呼んだのだろう。

その西京焼だが、喰切りで焼きたてもうまいが、重詰や折詰の中の一品は冷めていてもなおうまいものである。そんな風に考えていたら、「なじみ豆腐」は味噌煮にするわけだが、西京漬にして焼いてみてもよさそうだ。田楽とはまた違った味が楽しめるだろう。

そもそも、『豆腐百珍』当時、味噌はどこかやぼったい調味料であったのではないかと思う。味噌より新しい調味料、醤油の普及により、この書物が成立したともいえる。実際に醤油による味付けが最も多いのにも、それが表れているのだろう。

豆腐の料理は昔も今も、おおむね煮て食べるものが多い。田楽のような焼物はあるが、いわゆる焼豆腐を使っての料理はあまりない。通品の一番目に素材としての焼豆腐が出ているが、それを受けて、佳品の部に三品の焼豆腐料理が登場する。

「備後《びんご》豆腐」は煮崩れせぬように軽く焼くだけだが、「小竹葉《おざさ》豆腐」はつかみ崩した焼豆腐を卵とじにするもので、なかなか風趣のある一品である。「叩き豆腐」は焼豆腐に袱紗味噌（白、赤の味噌を半々に合わせたもの）を混ぜて油で揚げたもの。酒の肴に絶好である。佳品に押しこめておくには惜しい料理である。

非常に手間のかかる「線麪《せんめん》豆腐」やそれを焼く「稭《しべ》豆腐」などは、むしろ奇品の部に入れた方がふさわしいもののような気がする。稭豆腐のような形態の食べ物は、当時としては非常に珍しいものだったのではないかと思うが、その名称から、米食民族である日本人にとって藁しべがとても大事で身近なものであったということもわかる。

卅七

なじみ豆腐《なじみどうふ》

【材料】

木綿豆腐

白味噌、酒

薬味（小口切りの葱・おろし大根・小口切りの辛い青唐辛子）

【作り方】

①豆腐は軽い重しをし、水気を切る。

②白味噌を酒で味噌汁程度の濃度に伸ばす。

③豆腐を②に入れ、酒気がなくなるまで中火で煮る。味噌は焦げやすいので、時折り鍋を揺する。

原文には豆腐を白味噌に二時間漬けてから煮るとある。が、即煮た方が、豆腐の匂いがマイルドだ。

④器によそい、豆腐の上に薬味を形よく盛り合わせる。

食べてみました

白味噌で煮る豆腐は、豆腐の味噌汁とはまた違った旨さ。まったりした甘さはお子様向きのようにも感じられるが、大根おろし、葱、ピリッと辛い青唐辛子を混ぜると、まさしく大人の味になる。

卅八 苞豆腐《つとどうふ》

【材料】

木綿豆腐

甘酒（酒粕を水で溶き、砂糖を入れたもの。または市販の甘酒）を浅い玉杓子1杯

塩少々

【作り方】

①豆腐は重しをして、水気を切る。

②崩した豆腐に甘酒と塩少々を加え、擂り鉢で滑らかになるまでよく擂る。

③②の豆腐を棒状にまとめ、竹簀で巻いて蒸す。

食べてみました

酒粕のほんのりした甘みがほどよく、また、意外にさっぱりした味で、酒肴に良し。

卅九 今出川豆腐

◉いまでがわどうふ

【材料】
木綿豆腐または絹ごし、出し汁
酒、醤油、葛、煎り胡桃

【作り方】
①出し汁に酒を入れ、豆腐を煮る。途中で醤油を入れて味を調え、出し汁で溶いた葛をひく。
②器に豆腐をよそい、豆腐の上に煎って砕いた胡桃をのせる。

食べてみました

『豆腐百珍』には、意外な薬味が登場するが、胡桃もその一つ。淡泊な豆腐に、胡桃の歯触り、香ばしさが味を添え、薬味の役目を十分に果たしている。

四十 一種の黄檗豆腐

◉いっしゅのおうばくどうふ

【材料】
木綿豆腐、揚げ油、醤油、酒

【作り方】
①豆腐の水気を切り、少々大きめの平たいサイコロ状に切り、素揚げする。
②醤油と酒を味加減よく合わせて煮立て、そこへ揚げたての豆腐を入れて煮る。

食べてみました

油通しした豆腐を、醤油と酒で煮る——シンプルな調理法だが、油が加わることによってコクが出、旨い惣菜になっている。

四一

青海豆腐《せいがいどうふ》

【材料】
絹ごし豆腐
葛
醤油
青海苔

【作り方】
①薄葛湯の中に、金杓子で掬いとった豆腐を入れ、ほどよく煮る。
②青海苔は、焦がさないように香りよく焙り、揉んで粉末にする。
③器に豆腐をよそい、醤油を差し、粉末の青海苔を茶漉しに入れて、豆腐の上にふるいかける。

食べてみました

掬った豆腐は、三角波のような形。青海苔の緑色は、まさに青海。趣向のおもしろさと、単純な組合せで、豆腐の味が生きている。

食べてみました

豆腐に梅、しかも田楽に。この田楽は、酒にぴったりだ。

四二 浅茅田楽《あさじでんがく》

【材料】

木綿豆腐、醤油、梅びしお、または梅干しを裏漉ししたもの、芥子の実

【作り方】

①豆腐は田楽用に下拵えをし、串に刺して両面とも軽く炙り、醤油をかけて下味をつける。

②焼き上がる少し前に片面に梅びしおを塗り、芥子の実をたっぷりかけ、香ばしさを出すためにもう一度さっと焼く。

食べてみました

贅沢に生海胆を使った場合、芳醇な海の味が際立ち、ひと味もふた味も違った田楽になる。

四三 海胆田楽《うにでんがく》

【材料】

木綿豆腐、醤油、生海胆または瓶詰めの塩海胆、酒、卵黄、塩

【作り方】

①豆腐は田楽用に下拵えをし、串に刺して両面とも軽く炙り、醤油をかけて下味をつける。

②生海胆、卵黄、塩を合わせて万遍なく混ぜる。瓶詰めの場合は、酒と卵黄で伸ばす。原文では酒だけだが、卵黄を加えた方が豆腐になじみやすい。

③豆腐の片面に海胆を塗り海胆の表面が乾く程度に炙る。

四四　雲かけ豆腐《くもかけどうふ》

【材料】

木綿豆腐または絹ごし

白玉粉

山葵味噌（25頁・十八「敷き味噌豆腐」参照）

【作り方】

①布巾かペーパータオルで豆腐の水気を拭き取り、ふるった白玉粉をまぶし、器に入れて蒸す。

②山葵味噌は、山葵以外の材料をよく摺り合わせておく。

③豆腐の上に、おろし山葵を加えた山葵味噌をたっぷりかけ、好みで味噌の上に胡桃とおろし山葵をのせる。

食べてみました

蒸し上がった豆腐は、うっすら雲がかかったような美しい景色。山葵味噌は、スティック野菜につけて食べたいようなコクと旨みがある。

四五 線麪豆腐《せんめんどうふ》

【材料】
木綿豆腐
卵白
美濃紙（薄い板、または経木でも可）
すまし汁

【作り方】
①豆腐の水気を切り、擂り鉢でよく擂ってから裏漉しし、つなぎに卵白を入れてよく混ぜ合わせる。
②まな板の上に美濃紙を広げて敷き、①の豆腐を庖丁でむらなく薄く伸ばす。
③②の豆腐に熱湯を万遍なくかけ、冷水にとって冷ます。完全に冷めたところで紙をはぎ、出来るだけ細く切る。
④椀に入れてすまし汁を張る。

食べてみました
蕎麦のようにはいかないが、舌触りもよく、またなかなか捨て難い味がある。

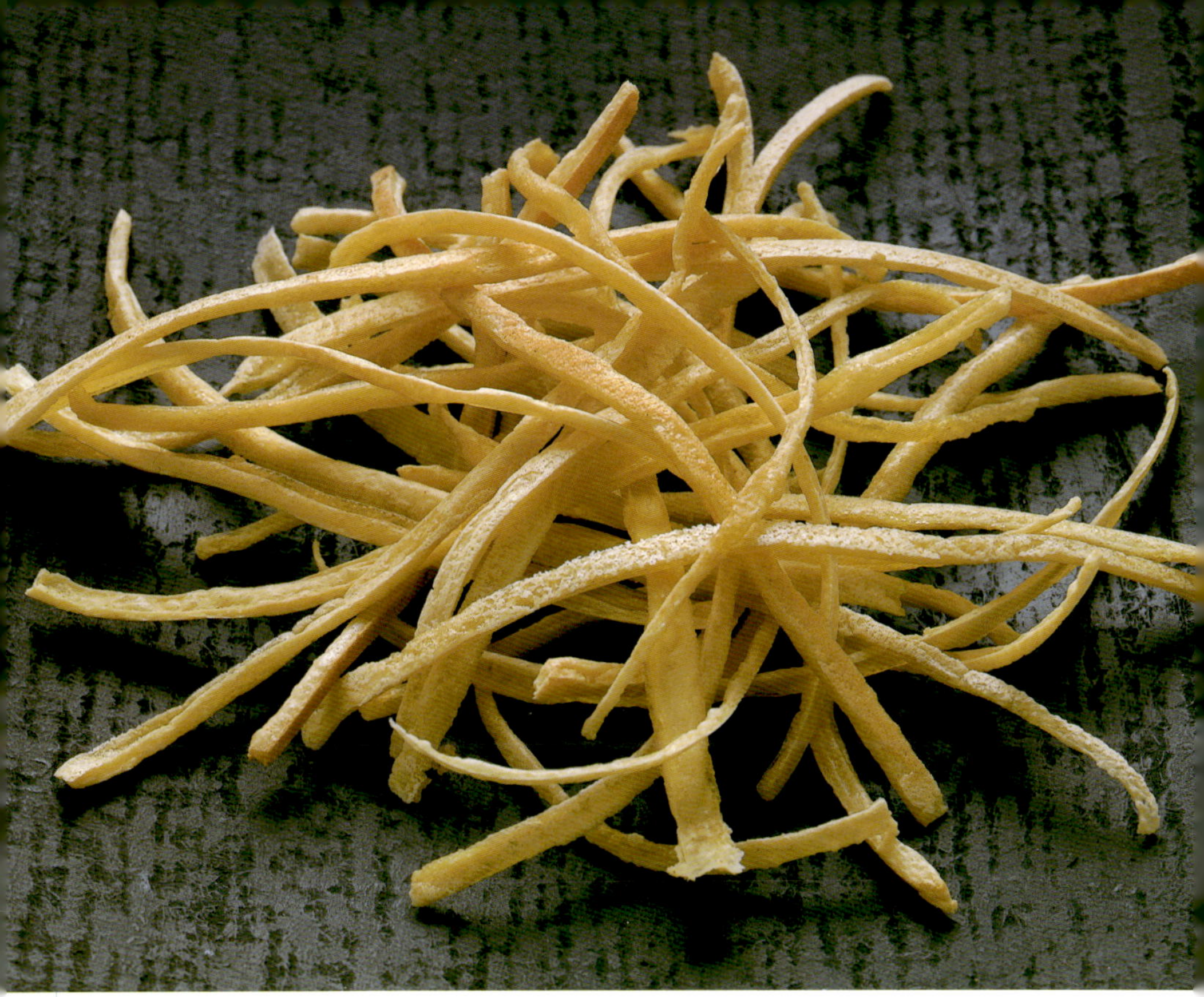

四六 稽豆腐《しべどうふ》

【材料】
木綿豆腐

【作り方】
四五の線麪豆腐と③まで同じ作り方。細く切った豆腐を適当な長さに切り、テフロン加工のフライパンなどで焼く。ストロー状に自然と中が空洞になってくる。これをシベ（わら）という。

食べてみました
豆腐を焼くと名の通り、稲ワラ（稭）のように真ん中が空洞になっている。手間はかかるが香ばしく、豆腐の甘みも味わえ、酒のつまみに、またヘルシーなスナックとしておすすめだ。

四七　薯蕷かけ豆腐《いもかけどうふ》

【材料】

絹ごし豆腐

葛、大和芋、卵白少々、出し汁

醤油、割り胡椒

【作り方】

①豆腐はうどんより太く切る。

②大和芋は皮をむき、擂りおろす。このとき原文にはないが、卵白を一緒に混ぜた方が、出し汁に入れたとき固まりやすい。水分の多い長芋は不向きだ。

③豆腐は葛湯でほどよく煮、水気を切って碗に盛る。

④③の作業と同時に出し汁に醤油を加え、やや辛口に味を調える。沸いてきたところで大和芋をすくい入れて暫く蓋をし、ふんわりふくれあがったところで③の碗にそそぎ、割り胡椒をふりかける。

食べてみました

料理の中の一品だけでなく、小腹が空いたときや夜食にも最適。柔らかな旨みがいい。

四八

砕き豆腐《くだきどうふ》

【材料】

木綿豆腐
豆腐と同量の小松菜
胡麻油
醤油
柚子のみじん切り、割り胡椒

【作り方】

①小松菜をきれいに洗い、葉、茎ともにみじん切りに。
②たっぷりの胡麻油を熱し、まず豆腐をつかみ崩しながら炒め、次に小松菜を加えて炒め、醤油を差して味を調える。
③好みで柚子のみじん切りか、割り胡椒をふりかける。

食べてみました

下拵えをきちんとしておけば、ほんの数分でできる簡単料理。が、抜群に味はいい。ご飯にたっぷりかけて「砕き豆腐丼」というのもシャレている。

四九

備後豆腐《びんごどうふ》

【材料】

木綿豆腐
酒、醤油
花がつお、おろし大根

【作り方】

①豆腐の水気を切り、串に刺して両面こんがり焼く。
②たっぷりの酒に焼いた豆腐を入れ、酒気がなくなるまで弱火でコトコト煮る。
③酒気がなくなったところで醤油を加え、落としぶたをして煮含める。
④器に豆腐と煮汁を入れ、花がつおと大根おろしを添える。

食べてみました

焼豆腐でも代用できるが、手間でも豆腐は自分で焼きたい。ともかく香ばしく、豆腐の味がより深くなる。薬味に大根おろしがよく使われるが、この一品も相性は抜群だ。

五十

小竹葉豆腐《おざさどうふ》

【材料】

木綿豆腐
出し汁
醤油、味醂
卵
摺り山椒

【作り方】

①豆腐の水気を切り、串に刺して両面こんがりとしっかり焼く。

②出し汁6、醤油1、味醂1の割合で煮立て、その中に焼豆腐を大振りにちぎって入れて煮、溶き卵をまわしかけ、半熟状態で火を止める。薬味は摺り山椒。

食べてみました

市販の焼豆腐では、絶対に味わえない旨さで、病みつきになること請け合い。豆腐はしっかり焼いてあるので、表面は結構固いが、中はふんわり、豆腐の旨味が凝縮している。

五一
引きずり豆腐
●ひきずりどうふ

【材料】
木綿豆腐または絹ごし
山葵味噌（25頁・十八「敷き味噌豆腐」参照）
葛

【作り方】
①豆腐は適当な大きさに切り、葛湯で煮る。
②それを葛湯ごと玉杓子ですくって器に入れる。
③山葵味噌を器の蓋につけて蓋をし、供する。味噌は湯気で落ちないよう、比較的固く練る。また、山葵は味噌に練り込まないで添えた方が、風味はいい。

食べてみました

蓋をとるとまず豆腐だけが目に入るため、どのようにして食べるのか意表をつかれる。趣向がおもしろい点からも、酒の肴にうってつけ。山葵味噌をちょっとのせて豆腐を食べ、美味い酒を飲む。江戸時代にタイムスリップするような風情がある。

五二 うずみ豆腐

◉うずみどうふ

【材料】

木綿豆腐
田楽味噌
飯
木の芽

【作り方】

①豆腐は田楽と同じ要領で下拵えし、田楽味噌を片面に塗って焦げ目がつく程度に焼く。

②深めの椀に豆腐を入れ、その上に湯で温めた飯を天盛りにし、木の芽を添える。

食べてみました

ちょっと手間だが小腹が空いたとき、酒の後の締め括りに最適。が、味噌の香ばしさ、甘辛さを豆腐とご飯がほどよい味にまとめ、不思議に酒の肴にもなる。

五三

釈迦豆腐 しゃかどうふ

【材料】
木綿豆腐
葛
揚げ油
塩

【作り方】
①葛は米粒の大きさに砕く。あらかた砕いて粗目のざるに通し、次に細かいざるに通すといい。
②豆腐は18頁・九「霰豆腐」と同じ要領で下拵えをし、水気を切る。が、水分を取りすぎると葛粉がつきにくくなるので、表面は湿っている感じが頃合い。
③豆腐全体に葛粉をまぶし、すぐに揚げ油で全体に色がつくまで揚げる。豆腐をそのまま置いておくと、豆腐から水分が出て葛粉が溶ける。好みで塩をふり、熱いうちに供する。

食べてみました
からりと揚がった豆腐は、甘みが際立ち美味。あられ感覚でついつい手がのびる。

五四 瞿麦豆腐《なでしこどうふ》

【材料】
絹ごし豆腐
山芋（長芋）
塩、白味噌、酒
青海苔、唐辛子

【作り方】
①山芋は、少量の塩を入れた水で茹で、水気を布巾で拭き取って皮をむき、熱いうちに裏漉しをする。
②豆腐は5センチ角に切り、熱い湯に入れて温めておく。
③白味噌を酒で伸ばして温め、火を止めてから青海苔を混ぜ、青味噌を作る。
④唐辛子は水に漬けて柔らかくしてから、針に切る。これが花芯になる。
⑤豆腐を器に盛り、青味噌をかけ、その上に裏漉しした山芋をのせ、唐辛子をおしべのように置く。

食べてみました

瞿麦の花をイメージした美しい豆腐料理。淡雪のような舌触りの山芋、柔らかで甘い青味噌、そして豆腐。すべてがやわやわと溶けていく感触がいい。

五五

沙金豆腐《しゃきんどうふ》

【材料】

木綿豆腐（または市販の油揚げで代用）
加薬（鴨または鶏のもも・鯛・木耳・銀杏・ごぼう・椎茸・人参・卵）
昆布または干瓢、胡麻油、出し汁
醤油、塩、味醂、酒
摺り山椒

【作り方】

①原文では豆腐を丸のまま揚げて中をくりぬくとあるが、市販の油揚げで代用できる。油揚げは熱湯をかけて油抜きし、袋状にする。
②ごぼうはささがきにして水に漬けてあくを抜き、椎茸、木耳、人参は千切りにし、全部を胡麻油で炒めて酒と醤油で下味をつける。
③鴨と鯛は小さなさいの目に切る。
④油揚の袋に②の野菜、③の鴨と鯛を入れ、溶いた卵を具全体が漬かる程度に入れ、しんなり程度に水で戻した干瓢で口を結ぶ。
⑤出し汁に酒、醤油、塩、味醂を加えて薄甘い味に調え、据わりのよい状態で静かに煮る。摺り山椒を添えて。

食べてみました

お客様料理にも充分な、贅沢で豊かな味の一品。

五六 叩き豆腐

たたきどうふ

【材料】

焼豆腐（44頁参照）

白味噌と八丁味噌同量

卵白

小麦粉

揚げ油

【作り方】

①焼豆腐と味噌を庖丁でよく叩いて合わせる。割合は、原文では豆腐7、合わせ味噌3だが、味噌は少し少なくした方が味がいい。

②①がまとまりやすいように卵白をつなぎに入れ、直径3センチほどの大きさにまとめ、小麦粉を全体につけ、揚げる。

食べてみました

お茶うけにも、酒の肴にも合う旨さ。油と相性のいい豆腐と味噌――シンプルだが豊かな味だ。熱々もよし。冷えて味が落ち着いたものもまたよし。

細く切る

①まず7ミリ前後の幅に切る。庖丁の刃先を豆腐に入れ、後は左手の親指で庖丁を下におろしていく。
②①の豆腐を1枚ずつ細く切る。切り方は、①のように庖丁の刃先を豆腐に入れ、後は左手の親指で庖丁を下におろす。片方を、かまぼこの板などで押さえながら切るとやりやすい。切ったものは即、水または湯に放つ。

結ぶ

細長く切った豆腐を、風呂の湯加減より少しぬるめの湯に入れる。湯で豆腐は少し柔らかくなるので、結びやすくなる。原文には酢水に漬けるとあるが、酢だと固くなりすぎ、また酢気を抜かなければならない。

奇品

きひん

「奇品は、ひときわ変わったもので、人の意表をついた料理である」。「蜆《しじみ》もどき」から「蓮豆腐」までの十九品。

食べもの、料理の類で、ひときわ変わったものと聞けば味の方にはあまり期待はしないところだが、どうしてなかなかの傑作ぞろいである。〝奇〟というのは名称や作り方であるようで、みな味は良い。特に「蜆もどき」は、とことん水切りした豆腐にさらに火を通していくことで、歯応えも本物のそれに近くなり、まさに奇品といえよう。

ほかにも「もどき」がいくつもあるのが奇品の特徴である。いくつか拾ってみよう。

「精進の海胆田楽」は、麹で海胆の粒々を表現し、唐辛子の色と醬油で海胆の色に近づけている。味はピリッと甘辛で海胆とは似ても似つかぬがそれなりにうまい。

現代では、物忌みとか精進潔斎ということにだんだん関わりが薄くなっているが、「もどき」には単に本物を真似る、という遊びの気持だけでなく、根底にはなまぐさものと精進ものを食べ分ける、という意味があるのだ。昔の人は、その食べ分けをきちんと真面目にやっていたから、「もどき」は必需品だったといえる。「香魚《あゆ》もどき」も見事な「もどき」である。目を閉じて心静かに、揚げ立てを蓼酢につけて口に運ぶと、清流のせせらぎが聞こえてくるようだ。

関東ではがんもどきの「飛龍頭」の「もどき」のようなものが「角飛龍頭《かくひりようず》」。味の点では尋常品の飛龍頭の方に軍配が挙がるが、大勢の客に一時に揚げ立ての飛龍頭を供することはちょっと無理である。そこで考えられた作り方であろう。あらかじめ下ごしらえしておけば、揚げる時間も短縮出来る。物日など大量に用意するための知恵のある料理である。

「豆腐麪《めん》」は沖縄の郷土料理に似ている。たっぷりの青菜と豆腐、たっぷりの油を熱し、強火で一気に炒める、火の料理である。家庭の火力では弱すぎる。そうめんを固めに茹でるにもコツがいる。豆腐も固いのがほしい。失敗を繰り返して自分の料理にしてもらいたい。栄養学者は、青菜を沢山食べることのできる良い料理という。醬油の香りと味が素晴らしい。

奇品の中でとりわけ印象深いのが「玲瓏豆腐《こおり》」である。昔、『豆腐百珍』の再現を始めた頃は、まずうまそうなもの、作ってみたいものなどからやっていた。しかし、この玲瓏豆腐にはあまり興味も湧かず後回しにしていた。豆腐と寒天の組合せなんて、何と単純で、面白くもないと高をくくっていたのだ。木綿豆腐でなく絹ごし豆腐、酢醬油より黒蜜の方が合うということに落ち着いたのはいろいろな人の助言のおかげである。今では当店の料理の締めくくりの甘味として三十年、その地位は微動だにしない。よくよく考えてみると、豆腐と寒天の組合せなど思いつこうとしてもなかなか思いつかないことで、じつに優れた発想であったと思う。

五七

蜆もどき《しじみもどき》

【材料】

木綿豆腐
揚げ油
醤油、酒
青山椒

【作り方】

①よく水を切った豆腐を手でつかみ崩して鍋に入れ、割箸4、5本で煎る。出た水は匙ですくい取りながら、水気がなくなり、豆腐が蜆の大きさになるまで煎る。

②①の豆腐をさっと揚げ、鍋に移して醤油と酒でしぐれ煮のように煮、刻んだ青山椒を散らす。

食べてみました

蜆にそっくりで、まず見て驚く。やはり油で味がこっくりし、酒の肴向きに仕上がっている。

五八

玲瓏豆腐

こおりどうふ

【材料】

絹ごし豆腐

寒天

【作り方】

①寒天を煮溶かす。

②豆腐は好みの形に切るか崩す。

③流し箱に豆腐を入れ、寒天を静かに流し込む。さめたら冷蔵庫で冷やす。調味は黒蜜や三杯酢で。原文では煮溶かした寒天で豆腐を煮るとあるが、寒天が豆腐くさくなるので、この方法は避けたい。

食べてみました

黒蜜をかけた玲瓏豆腐は、喉ごしのいい優雅なデザートだ。豆腐の味が濃いのに、爽やかで、つくづく豆腐は不思議な存在だと思わせられる。

五九

精進の海胆田楽

しょうじんのうにでんがく

【材料】

木綿豆腐、麹、味醂、醤油、唐辛子粉

【作り方】

①麹、味醂、醤油、唐辛子粉を適量合わせ、暫く寝かせる。唐辛子の粉と麹で、丁度練り海胆のように見える。

②豆腐は田楽用に下拵えをし、串に刺して両面とも軽く炙り、醤油をかけて下味をつける。

③豆腐の片面に①を何回かかけ、焦げ目がつく程度に焼く。

食べてみました

見た目はまさに海胆。麹の甘さと唐辛子の粉の辛さが結構豆腐に合う。

六十

繭田楽

まゆでんがく

【材料】

木綿豆腐、醤油、田楽味噌、粉山椒、つきたての餅あるいは道明寺粉

【作り方】

①豆腐は田楽用に下拵えをし、串に刺して両面とも軽く炙り、醤油をかけて下味をつける。

②粉山椒を混ぜた田楽味噌を豆腐の片面に塗り、焼く。

③餅、または餅状にした道明寺粉を豆腐の上からたすきがけにし、こんがり色づくまで焼く。

食べてみました

柔らかさとモチモチ感が一体となったおもしろい食感。いずれにしろ、豆腐と田楽味噌は実に相性がいい。

六一 簑田楽《みのでんがく》

【材料】

木綿豆腐、醤油、田楽味噌、割り胡椒、花がつお

【作り方】

①豆腐は田楽用に下拵えをし、串に刺して両面とも軽く炙り、醤油をかけて下味をつける。

②田楽味噌に多めの胡椒を加えて混ぜ合わせ、豆腐の片面に塗って焦げ目がつくように焼き、花がつおをたっぷりかける。

食べてみました

田楽味噌で足りないときは、胡椒や山椒、唐辛子など好みのものをいつもより効かせ、花がつおをたっぷりかけるといい。これはこれで胡椒がピリッと味を引き締め、酒の肴にもってこいだ。

六一

六方焼着豆腐《ろっぽうやきめどうふ》

【材料】

木綿豆腐、油、おろし大根、醤油

【作り方】

①豆腐の水気を切り、1丁を4個に切る。

②豆腐の表面の水分を拭き取り、少量の油を引いた鍋で六面こんがり焼く。

③大根おろしや小口切りの葱などを薬味に、醤油など調味は好みで。

食べてみました

揚げ豆腐よりさっぱり味。焼き焼き食べると、またひと味違って美味しいに違いない。

六二

茶れい豆腐《されいどうふ》

【材料】

木綿豆腐、袱紗味噌（白味噌と八丁味噌を同量合わせた味噌）、酒、笹の葉、摺り山椒

【作り方】

①豆腐は大ぶりに切る。

②底の平たい鍋に笹を隙間のないように敷き、豆腐を並べ、その上に袱紗味噌を覆うようにたっぷり敷き、半日ほど弱火でゆっくり煮る。味噌が焦げることもあるので、酒で伸ばしておいてもいい。

食べてみました

焦げ加減の味噌の香りは、何と食欲をそそることか。多少辛くなってはいるが、ご飯の菜にも酒の肴にもなり、懐かしい味がする。

六四 糟入り豆腐《かすいりどうふ》

【材料】
木綿豆腐
加薬（鯛・鴨肉・焼き栗・木耳・市販の油揚げ）
酒、醤油、味醂

【作り方】
①水切りした豆腐を擂り鉢で擂り、酒を加えて煮、醤油で軽く下味をつける。豆腐は幾らか水分が抜け、もろもろとちょうど粕のような状態に。
②木耳と油揚げは千切りにし、他は食べよい大きさに切り、醤油、酒、味醂で下煮する。
③加薬類と①の豆腐を混ぜ、もう一度さっと煮る。

食べてみました
香り味ともによく、贅沢な一品だ。

六五
香魚もどき《あゆもどき》

【材料】
木綿豆腐
小麦粉、揚げ油
塩
蓼酢

【作り方】
①木綿豆腐は重しをかけて水分を取り、長い柱状に切る。
②原文にはないが、カラッと揚がるよう豆腐に小麦粉を打ち、揚げ、軽く塩をふる。
③蓼の葉を摺って裏漉ししたものに酢を混ぜた、蓼酢を添える。

食べてみました
鮎の姿を思わせる演出の妙。蓼酢の爽やかな香りとピリッとした味が、揚げた豆腐と実に合う。

六六

小倉豆腐

おぐらどうふ

【材料】

木綿豆腐
海苔
白身魚の擂り身
柚子
すまし汁

【作り方】

①木綿豆腐は重しをして水気を切る。
②豆腐に揉み海苔、つなぎに魚の擂り身を加え、まな板の上で庖丁で丁寧に混ぜ合わせる。
③かまぼこ板に②を平均の厚さに塗って蒸し、冷めたところで色紙に切る。
④調味は好みだが、写真はすまし汁。柚子を添えて。

食べてみました

豆腐の味と香りがしっかりある「はんぺん」と言えばいいだろうか。椀種に適しているが、山葵醤油か生姜醤油にも合うかもしれない。

六七

縮緬豆腐《ちりめんどうふ》

【材料】

絹ごし豆腐
葛あん（葛・出し汁・醤油・酒・味醂）
おろし山葵

【作り方】

①豆腐をうどんのように長く切って水に放つ。
②網杓子で豆腐をすくって小振りの茶碗に入れ蒸す。味を整えた葛あんをかけ、おろし山葵を添える。

食べてみました

身体の芯から暖まる一品。寒い冬の夜などに最適だ。

六八 角飛龍頭《かくひりょうず》

【材料】

木綿豆腐

加薬（ごぼう・銀杏・木耳・麻の実・栗・百合根 他）

醤油、酒、葛

胡麻油

【作り方】

①豆腐は水気を切る。

②加薬は醤油、酒で下味をつける。

③摺り鉢で豆腐を摺り、加薬を万遍なく混ぜ、つなぎに葛粉を少々入れる。

④折箱または流し缶に③を入れ、中火で約15分蒸し、冷めてから切り分ける。

⑤供する直前に、さっと揚げる。

食べてみました

そこはかとない甘みと、胡麻油の香ばしさがうれしい。食感は豆腐とは思えない歯触りだ。酢醤油をつけて食べるとまた違った美味しさになる。これは保存が可能とか。不意の客や、もうひと品というときに重宝する。

六九 焙炉豆腐《ほいろどうふ》

【材料】

木綿豆腐

醤油、酒

【作り方】

豆腐の下拵えは、22頁・十五「押し豆腐」を参照。醤油・酒同量でしっかり煮しめた豆腐を千切りにし、まな板に広げて乾かしてから、焙炉（ホットプレートなど）で焦げないように焼く。

食べてみました

見た目は裂いたするめのよう。しっかり味がしみているので、日本酒だけでなくビールやウィスキーにもいい。

七十

鹿子豆腐《かのこどうふ》

【材料】

木綿豆腐
小豆
出し汁、塩、葛

【作り方】

①豆腐は水気をよく切ってから、擂り鉢でなめらかになるまで擂り、少量の塩で軽く下味をつける。
②小豆は柔らかく茹で、①の豆腐に混ぜる。
③器に経木を敷き、少し大きめに丸くまとめた豆腐をのせ、蒸す。
④原文には調味は好みとあるが、写真では葛あんをかけてある。

食べてみました

これもまた、身体にやさしい一品。それほど手間はかからないので、定番に加えたい。

七一

うつし豆腐《うつしどうふ》

【材料】

木綿豆腐

鯛

塩、おろし生姜、醤油、振り柚子

【作り方】

①切身の鯛は軽く塩をし、馴染んだところで熱湯をかけて霜降りにする。

②土鍋に少量の酒を加えた水、鯛、大きめの奴に切った豆腐を入れ、鯛の旨みが出るまで煮る。

③出しが出た鯛は取り出し、豆腐に振り柚子をし、生姜醤油を添えて。

食べてみました

鯛を出しに使う！　豆腐に鯛の旨みが移り、何とも贅沢な一品だ。点々と鯛の油が浮いた汁も、残さず飲み干したい。

七二 冬至夜豆腐《とうやどうふ》

【材料】
木綿豆腐
葛
酒、醤油
あたり胡麻少々、割り胡椒

【作り方】
①豆腐は八角形に切る。
②鍋に経木を敷き、①の豆腐を醤油と酒同量で中まで味がしみるように煮る。
③切り落とした豆腐は、葛粉とあたり胡麻少々を混ぜてよく摺り、割り胡椒を加え豆腐味噌を作る。
④器に煮た豆腐を盛り、その上に豆腐味噌をこんもりかける。原文には、「紫野大徳寺では、豆腐を味噌で煮、豆腐味噌をかけて食べる。冬至の夜、一山の各院すべてがこの豆腐を煮る」とある。

食べてみました

火を通し、味をつけた豆腐と、素のままの豆腐味噌。少しずつゆっくり味わうのに適した料理だ。

七三

味噌漬豆腐

みそづけどうふ

【材料】

木綿豆腐
田舎味噌
煮切り酒
美濃紙

【作り方】

①豆腐はひと晩ほどかけて水気を切る。
②味噌を煮切り酒で溶く。
③①の豆腐を美濃紙（寒冷紗かガーゼでも可）で包み、味噌に一昼夜漬ける。ゆるく溶いた味噌は早く漬かるが、普通の固さの味噌の方が、時間はかかるが味は良い。

食べてみました

豆腐も味噌も大豆が原料。大豆の脂肪分が、チーズのようなまったりした旨みを生みだしている。これは好みだが漬かりすぎても結構美味しいので、常備しておきたい。

七四 豆腐麪《とうふめん》

【材料】
木綿豆腐
青菜（小松菜）
そうめん
炒め胡麻油大さじ3杯
醤油

【作り方】
①豆腐は水気を切る。
②小松菜はみじん切りに。
③そうめんは固めに茹で、水気を切る。3種の割合は、豆腐半丁、小松菜4分の1、そうめん1把。
④中華鍋を熱し、胡麻油を入れて鍋肌に馴染ませ、まず豆腐を手でつかみ崩しながら入れ、次に小松菜を入れて醤油で味を整える。最後にそうめんを入れて強火で一気に炒める。

【食べてみました】

沖縄のソーミンチャンプルーとよく似ている。醤油の香りがよく、食べ飽きない旨さである。

七五 蓮豆腐《はすどうふ》

【材料】

木綿豆腐
蓮根
敷き味噌（白味噌・あたり胡麻・砂糖）
一味唐辛子

【作り方】

①豆腐は水気を切る。
②蓮根は皮をむいて水に暫く漬けてアクを抜き、おろし金でおろす。
③豆腐と蓮根を同量混ぜ合わせ、美濃紙に包んで湯煮する。
④白味噌にあたり胡麻と少量の砂糖を混ぜ、器に敷き、その上に③の蓮豆腐をのせ、一味など好みの辛味をふりかける。

食べてみました

蓮根のシャリシャリ感と豆腐の柔らかさのコンビネーションが楽しめる。香りもまたいい。

妙品

みょうひん

「妙品は、少し奇品に優るものである。奇品は形は珍しいが、うまさの点で妙品に及ばない。妙品は形、味ともに備わったものである」とある。「光悦豆腐」から「包み揚げ豆腐」まで十八品。奇品と比べると、名称も作り方もオーソドックスな品々である。

田楽という料理は百品の中に全部で十四品あり、尋常品に三品、通品に二品、佳品に二品、奇品に三品、妙品に三品、絶品に一品である。この数が多いか少ないかは別として、各品目に平均して配分されているのを見ると、豆腐は田楽なりということがよくわかる。著者の何必醇はそう思い、読者も等しく納得する点なのであろう。田楽は味噌をつけて焼くだけでなく、醤油、そのほかの調味のものがある。妙品には三品の田楽があるが、そのうち二品が油を使っている。「交趾《こうち》田楽」と「阿漕《あこぎ》田楽」である。油を使う田楽は他では見られない。そういえば妙品十八品中、油を使っているのが九品、半分を占めている。

妙品はうまさと見た目のバランスが取れているものということだが、はからずもうまさの点では油の力によるものが強いということがわかる。百品中、油を使っている料理が十八品しかなく、その半分が妙品にあるのだから、なおその感を強くする。

面白いのは、最後の「絶品」では、油を使ってもわざと衣を取ってしまったり、あえて油を避けているように見える点である。昔の人は、油のうまさを知りつつも、最終的にはそれから遠ざかろうとしたのだろうか。ただ、油抜きには、煮込む際に味が染みやすくなるという利点もあり、それは当時からの知恵かもしれない。

やはり油を使ったもので、「石焼豆腐」や「犂焼《からすき》」は簡単な調理法だが、焼豆腐とはまた違って焼きながら食べるうまさが光っている。料理というのは、作りおいたものより作りたてがうまく、さらに作りながら食べるのが一番うまい。「石焼豆腐」の味は、個人的には百珍中ベスト3に入れてもよいと思う。

その油の威力に押されているのか、「光悦豆腐」「茶豆腐」「煮ぬき豆腐」など煮る系統のものは、酒や煎茶汁や出し汁で〝長時間〟煮込んでしまうことが多い。「加須底羅《かすてら》豆腐」に至っては、確かにスが入り、酒の甘味でカステラもどきのものが出来るが、到底うまいものであるとは言い難い。むしろ奇品に入れるべきもののような気がする。

かえって、「真の八杯豆腐」の素直な形と味わいや、「別山《べつさん》焼」の握り飯と味噌と豆腐の取り合わせに、なにやらほっとするのである。

今でこそ冷奴の上に搾菜などをのせるのはよくやるが、「骨董《ごもく》豆腐」はその元祖といえるだろう。「えび豆腐」の海老は庖丁で細かく刻むからうまいのであって、これをフードプロセッサーなどで擂りつぶしてしまっては味気ない。「飛龍頭」と今のがんもどきのように、味は似て非なるものとなってしまう。

七六 光悦豆腐《こうえつどうふ》

【材料】

木綿豆腐

塩、酒

【作り方】

①豆腐はよく水気を切り、大きめの田楽用に切り、串に刺す。全体に塩をふり、焼き豆腐の要領で両面焦げ目がつくまで焼く。

②鍋に酒を入れて火にかけ、酒気が抜けるころ豆腐を入れて温める程度に煮る。

食べてみました

香ばしさ、酒の甘さ、薄塩をした豆腐の旨み。これは大人の味である。

七七 真のけんちん

●しんのけんちん

【材料】

木綿豆腐
加薬（栗・ごぼう・木耳・銀杏・麩・芹または青菜）
湯葉、醤油、揚げ油、油、干瓢、卵
けんちん酢（醤油と酢同量・おろし生姜）

【作り方】

①豆腐は水気を切り、1丁を12片ほどに切って油でさっと揚げ、その後1片を二つ切りにし、さらに細く切る。生揚げを代用してもいい。
②栗とごぼうは針切りに、木耳と麩は細切り、銀杏は細かく、芹はみじん切りに。
③熱した油に、銀杏、ごぼう、芹、木耳、麩、豆腐、栗の順に入れてよく炒め、醤油で味をつける。荒熱が取れたところで、具をまとまりやすくするために、適量の溶き卵を加えて混ぜ合わせる。
④生湯葉、または水で戻した湯葉をまな板の上に広げ、③の具を約1・5センチの厚さに敷き、のの字形に巻き、固めに戻した干瓢で結ぶ。
⑤湯葉が色良く、またパリッとなるように油で揚げ、ひと口大に切る。醤油と酢におろし生姜を加えて漉したけんちん酢を添えて。

食べてみました

ベトナム料理の「揚げ春巻」に似て、とにもかくにも旨い！　パリッとした湯葉の食感と何とも言えない香り、そして具のコンビネーションの良さ。病みつきになる。

七八

交趾田楽《こうちでんがく》

【材料】

木綿豆腐、醤油、胡麻油
唐辛子味噌（田楽味噌・唐辛子）

【作り方】

豆腐は田楽用に下拵えをし、串に刺して両面とも軽く炙り、醤油をかけて下味をつける。さらに胡麻油をつけて焼き、最後に片面に唐辛子味噌を塗って焦げ目がつくまで焼く。

食べてみました

「田楽」といえば、何となく甘いというイメージがある。が、これは胡麻の香りと甘さの中にもピリッとした味の唐辛子味噌で、ご飯の菜にも酒の肴にもなる。

七九

阿漕田楽《あこぎでんがく》

【材料】

木綿豆腐
割り醤油（醤油と煮切りの酒）、揚げ油（胡麻）
田楽味噌、摺り柚子

【作り方】

①豆腐は田楽用に下拵えをし、薄い割り醤油で煮しめ汁

気を切る。

②①の豆腐を胡麻油で揚げる。

③豆腐に串を刺し、片面に田楽味噌を塗り、焦げ目がつくまで焼き、摺り柚子を散らす。

【食べてみました】

手が込んだ分、複層的な深い味わいになっている。

八十 鶏卵田楽《たまごでんがく》

【材料】

木綿豆腐

卵、醤油、酒、酢、おろし山葵、芥子の実

【作り方】

①豆腐は田楽用に下拵えをし、串に刺して両面とも軽く炙り、醤油をかけて下味をつける。

②卵に醤油と酒少量、またごく少量の酢を加えてよく混ぜ合わせる。

③①の豆腐に②の卵を塗り炙る。これを何度か繰り返しながら味をつけていき、卵がふくれてくれば出来上がり。芥子の実をふり、山葵をのせて。

【食べてみました】

シンプルな味わいだが、卵の旨みと、おろしたての山葵が豆腐の味を引き立てる。

八一

真の八杯豆腐

しんのはちはいどうふ

【材料】

絹ごし豆腐

八杯汁（水または出し汁6・酒1・醬油1で合計八杯になる）

おろし大根

【作り方】

水または出し汁と酒を火にかけて煮、醬油を加えてさらに煮返す。そこへ玉杓子で豆腐をすくい入れ、豆腐が浮き上がろうとする頃合いに器に取り、おろし大根をのせる。

食べてみました

飽きのこない豆腐料理で、作り方も簡単。わが家では朝食の定番の座を占めた。

八二

茶豆腐《ちゃどうふ》

【材料】
木綿豆腐
特上の煎茶
割り醤油（醤油・少量の酒）
花がつお、針山葵

【作り方】
①豆腐が漬かる程度の量の水で煎茶を煮出す。
②豆腐に薄く色がつくまで①でコトコト静かに煮る。
③この煎茶は捨て、もう一度新しく煮出したもので豆腐を温め、新鮮な香りと味をつける。
④器に割り醤油を注ぎ、豆腐を入れ、花がつおと針山葵をのせる。

食べてみました

これまた贅沢な一品。お茶の淡い香りと味を楽しむ趣向だ。

八三 石焼豆腐《いしやきどうふ》

【材料】
木綿豆腐、油、醤油、おろし大根

【作り方】
①豆腐はひと口大に切り、水気を切る。
②焼き鍋（またはホットプレート）に少し多めの油を入れ、鍋肌に馴染ませてから豆腐を入れ、焼きすぎないよう色良く焼く。おろし大根と醤油で。

食べてみました

いわゆる豆腐ステーキ。シンプルな調理法だが、豆腐・おろし大根・醤油の組合せが旨い味を作り出す。

八四 犂焼《からすきやき》

八三「石焼豆腐」と材料、作り方は全く同じだが、焼き鍋の代わりに昔使われていた鋤の一種、犂の先を用いて焼く。

食べてみました

ちょっと凝った風情を楽しみたい方におすすめ。

八五

炒り豆腐《いりどうふ》

【材料】
木綿豆腐、薬味（青海苔・油・醤油）

【作り方】
①豆腐は八三「石焼豆腐」と同じ要領で焼く。
②青海苔を焙って粉末にし、熱に強い容器に入れる。海苔の上に熱した油を少しずつ垂らし、よくかき混ぜ、その後弱火にかけて醤油で味をつける。
③②の薬味を豆腐にふりかける。

食べてみました

油と醤油を含んだ青海苔は、思いのほか気の利いた風味高い薬味だ。

八六

煮ぬき豆腐《にぬきどうふ》

【材料】
木綿豆腐、鰹出し、醤油

【作り方】

薄味に調えた出し汁で、豆腐を朝から夕方まで終日中火で煮る。出し汁が減るので足しながら煮る。

食べてみました

「豆腐に煮過ぎは厳禁」という。が、この一品は、スが入るまで煮て煮て煮抜いている。ここまでくれば別の味わいが出てくるから不思議だ。

八七

精進の煮ぬき豆腐《しょうじんのにぬきどうふ》

【材料】

木綿豆腐
昆布出し
塩漬けの山椒の実

【作り方】

91頁・八六「煮ぬき豆腐」の鰹出しを昆布出しに替えて終日中火で煮る。原文には山椒の実を最初から入れて煮るとあるが、後から入れる方がほんのりと香り良く仕上がる。塩山椒が手に入らない場合は、出し汁に塩ひとつまみを入れる。

八八 骨董豆腐《ごもくどうふ》

【材料】

木綿豆腐または絹ごし

葛、醤油

花がつお、川海苔、唐辛子、葱、おろし大根

【作り方】

①豆腐を切り放さないように、半ばまで十文字に庖丁を入れ、葛湯で煮る。

②器に醤油を注ぎ、花がつおを一面に置き、豆腐をのせる。

③川海苔、ざくざくに切った唐辛子と葱、おろし大根を豆腐の上にのせる。食べるときに混ぜ合わせ、小皿にとる。

食べてみました

湯豆腐や冷奴に似ているが、「ごちゃまぜ」にするのも結構美味。ご飯にのせて食べるのもまたいい。

八九

空蟬豆腐《うつせみどうふ》

【材料】
木綿豆腐
胡麻油、醬油、酒
卵、鯛のさくらでんぶ
麻の実、粉山椒

【作り方】
①豆腐は水分がなくなるまで空炒りしてから胡麻油で炒り、醬油と酒で下味をつけ、おからのようにぽろぽろになるまで炒る。
②①に卵1個を割り入れ、弱火でパラリとなるまで炒る。
③②にさくらでんぶ、麻の実、粉山椒を加え、万遍なく混ぜ合わせて出来上がり。

食べてみました

豆腐の白、卵の黄色、さくらでんぶの桜色と彩りも美しく、またほんのりした甘みもいい。のり弁ならぬ「空蟬豆腐弁」はどうだろう？

九十

えび豆腐

えびどうふ

【材料】
木綿豆腐
海老（さい巻海老・芝海老など好みで）
醬油、塩
葱、おろし大根、山葵、油

【作り方】
①豆腐は水気をしっかり切り、摺り鉢でなめらかになるまで摺る。
②海老は頭・尾・殻を取り、庖丁で細かく刻む。
③鍋に油を入れて熱し、豆腐、その他の材料をすべて入れて炒め、醬油、塩で味を調える。

食べてみました
海老の旨みと葱やおろし大根のアクセントが効き、これもまた文句なしに旨い。

九一

加須底羅豆腐《かすていらどうふ》

【材料】

木綿豆腐

煮切り酒

【作り方】

豆腐は、豆腐がひたる量の酒に漬けてひと晩置き、中火で約4時間煮る。豆腐は一旦は大きくふくれあがるが、その後締まる。ブツブツとしたスがちょうどカステラのようなので、この名がついた。

食べてみました

長く煮ると「ス」が入る豆腐の性質をうまく利用している。因みにカステラは一五五六年に渡来。当時はスポンジケーキのようであったらしい。現在のような形にしたのは、創業寛永元年（一六二四）の長崎「福砂屋」だそうだ。

九二

別山焼

◉べつさんやき

【材料】

絹ごし豆腐
出し汁
醤油、酒
ご飯、味噌
割り胡椒

【作り方】

①豆腐はうどん状に下拵えし（24頁・十七「ぶっかけうどん豆腐」参照）、醤油・酒で味を調えた出し汁で煮る。

②温かいご飯を少々揉み、しっかり握ってつくねのような握り飯を作り、割り胡椒を混ぜた味噌をまぶし、串に刺して焼く。あらかじめ揉むのは、握り飯が崩れるのを防ぐため。

③器に②の握り飯を入れ、その上から煮え加減のいいうどん豆腐を汁ごとかける。

食べてみました

香ばしい味噌焼きおにぎりの味で食べる豆腐うどん。「うどん屋」さんのメニューに載ってもいいのでは？

九三

包み揚げ豆腐

つつみあげどうふ

【材料】
木綿豆腐
胡麻油
割り醤油（醤油・少量の酒）
出し汁、葛
摺り山葵

【作り方】
①豆腐は適当な大きさに切り、美濃紙に包んで紐でしばる。
②平たい容器に灰を入れ、その上に乾いた布巾、さらに和紙を敷き、①の豆腐をのせてしばらく置く（34頁参照）。
③適度に水気が切れた豆腐は、紙に包んだままゆっくり油で揚げ、紙が透明になった頃合いに引き上げる。
④醤油で味を調え、薄葛を入れた出し汁で③の豆腐を煮、摺り山葵を添える。

食べてみました

灰を使っての水切りは、重しをかけたものより、ふんわり柔らかく、また「豆腐の旨さは水にあり」が実感できる。

絶品《ぜっぴん》

「絶品は、さらに妙品に優るものである。奇品、妙品は最上の美味ではあるが、うますぎるきらいがある。絶品は、ただ珍しさ、盛付けのきれいさにとらわれることなく、ひたすら豆腐の持ち味を知り得る、絶妙の調味加減を書き記した。豆腐好きの人ならば、必ず食すべきものである」とあり、「揚げながし」から「真のうどん豆腐」まで七品。

絶品は豆腐料理の究極の七品ということになる。果して題目通りかどうか見てみよう。

妙品は油を使った料理が目立ったが、「揚げながし」も油で豆腐を揚げている。ただ、揚げた豆腐の油を水で流し、油を切る作業があるのはこの料理だけで、他の項目との違いを明確にしている。豆腐と生姜の取り合わせで食べさせるのが「辣料《からみ》豆腐」だが、豆腐一丁に生姜十個というのはちょっと量が多すぎる。生姜風味を強くしすぎては豆腐の味を損なうことになろう。「礫《つぶて》田楽」は絶品中の田楽であるから、田楽中の田楽ということになる。味噌田楽であるが、酢味噌であるのが面白い。酢は熱に弱いので焼かずに上置きしたわけだが、串を抜いて、楽焼の蓋茶碗に入り、品位が上った。味は良い。

湯豆腐は煮すぎは禁物である。「湯やっこ」のように葛湯仕立てにすれば熱の廻りも柔らかでよろしいということだが、上等な湯豆腐の感じはある。自ずと豆腐は勿論のこと、醤油、薬味を吟味し、鍋、取り皿などにも気をつかわねばならない。

豆腐と飯の組合せは百品中、佳品の「うずみ豆腐」、妙品の「別山焼」と絶品の「雪消飯《ゆきげめし》」の三品である。うどん豆腐を使った二品のうち、「別山焼」は味噌、「雪消飯」は醤油の味である。味噌より醤油の方がすっきりしているということであろう。雪消飯の項には、「風味は消え入るようで、これはすがすがしい味である。第二品と下らない」とわざわざ書き添えてある。

「鞍馬豆腐」は油で揚げているが、外皮をむいて油気を除いている。しかし実のところ、食味の点では別に意味があるとは思えない。ただ水っぽくならないという利点はあるだろう。

そして百珍中百番目が「真のうどん豆腐」。道具立て、仕立て方が仰々しいような気がするが、豆腐の真味を味わうとすればこのような作り方をすることになるということだろうか。薬味にはおろし大根、唐辛子粉、葱のみじん刻み、陳皮、浅草海苔などと、現在でも変わらぬが、または胡椒一品だけでも、といっている。胡椒は江戸時代のいろいろな料理によく使われており、個性の強さがありながら、薬味として万能を発揮する香辛料である。

絶品全体を眺めてみると、奇品や妙品を経て、豆腐自体の味を単純に味わうという方向に来ているようである。油を使ってからわざわざ抜くあたりにも、日本料理の油を遠ざける考え方があるのだろう。それを推し進めると、現代の、豆腐といえば冷奴か湯豆腐、という考えに行き着くのかもしれない。

九四

揚げながし

◉あげながし

【材料】
木綿豆腐
揚げ油（胡麻）
葛湯
山葵味噌（白味噌・あたり胡麻・胡桃・摺り山葵）

【作り方】
①豆腐は水気を切り、奴に切って油で揚げ、鍋から引き上げ、即水に放して油抜きをし、煮立てた葛湯で加減よく煮る。
②器に①の豆腐を盛り、山葵味噌をかける。

食べてみました

豆腐は厚揚げのような歯触りだが、芯はふんわり柔らかい。山葵味噌が豆腐の味を引き立て、箸がすすむ。

九五

辣料豆腐《からみどうふ》

【材料】

木綿豆腐
鰹の出し汁
醤油、少量の酒
おろし生姜

【作り方】

豆腐は、醤油と酒で味を調えたたっぷりの出し汁とおろし生姜で、朝から夕方まで煮る。おろし生姜の量は、香りが立つぐらいたっぷりがいい。原文では、豆腐1丁に対し、ひと握りぐらいの生姜を10個も使うとある。

食べてみました

生姜好きには堪えられない味だ。

九六

礫田楽《つぶてでんがく》

【材料】
木綿豆腐
醤油
からし酢味噌（白味噌・煮切り酒・酢・溶きがらし）
芥子の実

【作り方】
①豆腐は田楽用に下拵えし、1串に3個ずつ刺し、二「雉子焼田楽」（11頁）と同じ方法で焼き、串を抜いて器に盛る。料理名は、この形が礫に似ていることからつけられた。器は蓋つきの楽焼がいいと原文にはある。
②白味噌を煮切り酒と酢で適度に伸ばし、からしを加えたからし酢味噌をたっぷり豆腐の上にかけ、芥子の実をふる。

食べてみました
香ばしく焼いた豆腐とからし酢味噌の取り合わせは、思いのほかいい味を作りだしている。気が利いた一品だ。

九七

湯やっこ　●ゆやっこ

【材料】

木綿豆腐または絹ごし

つけ醤油（醤油・花がつお）

葛湯

薬味（ざく切りの葱・おろし大根・唐辛子粉）

【作り方】

①醤油を煮立たせ、花がつおを入れ、少量の湯を差してもう一度煮立たせ、漉す。

②豆腐は奴か拍子木に切り、泡立つまでに煮立てた葛湯に入れ、まさに浮き上がろうとするところですくい上げる。

食べてみました

葛湯というのは、豆腐の舌触りをさらに良くする。木枯らしが吹く冬の夜などは特にいい。

九八

雪消飯《ゆきげめし》

【材料】

木綿豆腐または絹ごし

冷飯

八杯出し（水または出し汁6・酒1・醤油1）

おろし大根

【作り方】

①冷飯を湯でさっと洗ってパラッとさせる。原文では昔の炊き方——湯とり飯で炊いたご飯を使用。

②豆腐はうどん様に下拵えをし（64頁参照）、八杯出しで煮、温めておいた器に汁ごと入れ、おろし大根をのせ、その上に①のご飯をのせる。

食べてみました

お酒を飲んだ後、さらさらと食べるとすっきりお腹が落ちつく。

九九

鞍馬豆腐

くらまどうふ

【材料】

木綿豆腐
揚げ油
梅びしお
芥子の実または割り胡椒
割り醤油（醤油と酒）
摺り山椒

【作り方】

①豆腐は横に二つ切りにし、油で揚げ、揚がった皮をむき取り、丸い形に整える。
②下拵えした豆腐を湯で煮、梅びしおをかけ、芥子の実か割り胡椒をふりかける。または、下拵えした豆腐を割り醤油で煮、摺り山椒をのせる。

食べてみました

揚げた皮をわざわざむき、湯または割り醤油で煮てさらに油っぽさをとる。この手間で、油の味がほのかな旨みに変わり、上品な味に仕上がっている。

百

真のうどん豆腐

しんのうどんどうふ

【材料】

絹ごし豆腐

割り醤油（出し汁4・醤油1・酒1）

薬味（おろし大根・唐辛子の粉・みじん切りの葱・陳皮〈みかんの皮を乾燥させたもの〉・浅草海苔。または割り胡椒のみ）

【作り方】

①豆腐はうどん状に下拵えする（64頁参照）。

②割り醤油の材料を合わせて、ひと煮立ちさせる。

③湯をたぎらせた鍋を二つ用意する。器は温めておく。

④網杓子に入れた豆腐は網杓子ごと鍋に浸し、すぐに器に取り、もう一方の鍋の煮え湯をそそぎ入れて供する。薬味は割り胡椒だけでもよい。

食べてみました

湯豆腐とはまた違った食感がおもしろい。

薬味いろいろ

生姜、山葵、みょうが、
青山椒、胡桃、青柚子

青海苔、赤唐辛子、粉山椒、
麻の実、胡麻、胡椒、
芥子の実

溶きがらし（練りがらし）、
おろし大根、花がつお、
刻み葱

豆腐の故郷を訪れて

福田浩

淮南市「龍湖集貿市場」の豆腐店。

豆腐の化石があったなら……

中国豆腐探訪から帰って間もなくのことである。偶然とはこんなことをいうのだろう。

いつもは車で仕入れに出かけるのだが、年に二、三回は電車で築地の魚河岸へ行くことがある。朝早いから車内はガラガラで、網棚の上の読み捨ての新聞を取りながら席に坐って開いた途端、「漢代最大の王墓初公開」の一面ニュースに眠気も吹き飛んだ。埋葬されている王の名は劉戊《りゅうぼう》といい、前漢の創始者・劉邦の弟の孫に当るという。なぜ驚いたのかというと、豆腐発明の主といわれる人物も、こちらは劉邦の孫で淮南《わいなん》王劉安（?～前一二二年）というのである。

十六世紀に李時珍という人物が編んだ『本草綱目』に「豆腐の法は、漢の淮南王の劉安より始まる」との記述があり、劉安が豆腐の祖というのは一つの定説となっている。しかし、実は淮南王劉安は確かに史実上の人物だが、豆腐を発明したとされる根拠は全くないとされている。物の本などからまとめてみると次のようになる。

◆紀元前二世紀『淮南子《えなんじ》』劉安自ら撰した書物なのに豆腐の字がない

◆六世紀『斉民要術』古代中国最高の農業指導書にも豆腐の記述はない

◆十世紀『清異録』初めて豆腐の文字が現れる

◆十六世紀『本草綱目』「豆腐の法、淮南王劉安より始まる」との文句の初出

ざっと右の事柄から、仮に豆腐が淮南王劉安の発明としても、紀元前二世紀から豆腐の文字が出てくる十世紀の『清異録』まで千百年もの間、何の記録も残っていないのは不自然なことである。そこで現在では、豆腐は九世紀から十世紀頃に発明されたものと考えられている。ちなみに日本では十二世紀、奈良春日神社の供物帖の「唐符」が最初である。

つまり、豆腐は淮南王劉安の発明ではないというのはほぼ明白なのだが、以前、新疆トルファンの唐代古墳から餃子が出てきた例もあり、もしや今度の墳墓から豆腐の固まりのかけらでも出てはこないだろうか、そうすれば伝説となっている淮南王劉安豆腐発明説が一気に真実となるかもしれないと、夢見たようなことを思ったのである。それにしても床面積八百五十平方メートルの墓の中に、側室、貢物などのための部屋があったりもするのだが、一番大きな部屋は約四十平方メートルの「庖厨間（台所）」というのだから、何といっても中国は食の王国である。

先ごろ『豆腐百珍』の料理写真を一年がかりで撮り終って、一度は本場の豆腐を見たいものと言ったところ、それは良いということになったのだが、ついでに見聞記を書く羽目となり、日頃庖丁を持つ手に筆を執る次第。

目からウロコの冷豆腐

成田から上海廻りで北京空港に着いたときはもう日はとっぷりと暮れていて、

すぐに迎えの車に乗りこむ。運転手の黄さんは国賓クラスの送迎を受けもっているとか。前日の日本国総理橋本龍太郎訪中の随行車がこれでした、と誇らしげだ。

部屋に荷物を置くのもそこそこにホテル内にある「潮州食苑」で夕飯をとることにする。何はともあれ豆腐料理をということでメニューを見ると、四、五種類ほどある。蒸し暑い晩なので豆腐煲という鍋物は敬遠して、軽く揚げたのに白酢と醬油をつける「潮式脆皮豆腐」と、海老の摺り身を詰めて蒸したのと二種類頼む。初めての豆腐料理なのでやや緊張して臨んだが、味はまずまずといったところ。中国の豆腐は固い、という先入観があったが、日本のものとさほどの違いは感じられない。

翌日、北京市豆製品第八工場に案内される。衛兵の敬礼を受けながら門内へ入り、工場長の案内で一巡する。

工場は、市内に全部で九つあるが現在稼働しているのは四ケ所で、この第八工場がその代表格という。広い敷地内には幾つかの建物が並び、豆腐専用の作業場は三百坪ほどあろうか。この工場では、四百種もある豆腐製品を日替りで毎日十品くらいずつ作る。出荷量は夏は二トン、冬は五トン、油揚げは日本にも輸出しているという。十キログラムの大豆から二十五〜三十キロの豆腐を作るというから、大豆十キロから豆腐五十〜六十キロを作る日本と比べると豆が濃いわけである。

近くの「芙蓉酒家」で、工場の豆腐製品を試食させてもらう。前菜七種のうち、五種が豆腐製品。辣扶《ラーフ》（四角い揚げ豆腐）、干尖《ガンジエン》（肝の形を模す）、雑拌《ツアーバン》（麺状の豆腐といろいろな具を混ぜる）、虾片《シャーピエン》（海老の背割状）、そして湯葉（日本のものよりしっかりしている）。いずれも揚げたり、炒めたりで歯応えがしっかりしており、味はピリッと四川風。日本の豆腐は水分が多いので、揚げるとなるときちんと水切りをしなければならないが、こちらではもともとすぐ調理ができる製品が様々にあるわけで、同じ素材を多様に作り分ける工夫に、思わずうなってしまう。

国営市場には、工場出荷の豆腐製品が十数種並んでいて、ひっきりなしに客が続く。豆腐絲《トーフスウ》（麺状に切った豆腐）が珍しい。日本の豆腐の概念からは想像もできない形状で、『豆腐百珍』の再現の際に、結び豆腐を作るのにさんざん苦労したが、これさえあったら、と思う。

夕食は龍譚湖の辺りにある「京華食苑」で、食品工業協会副会長の李士靖先生に精進料理をご馳走になる。料理は淡味精良を極め、雅味溢れるものであった。前菜とも二十品、そのうち豆腐料理は六品。麻婆豆腐は、それまでの麻婆豆腐観がくつがえされる品の良さ。料理のあまりの見事さに圧倒され、食べるのに夢中で、せっかく料理の大家に同席していただいたのに、ろくに質問もせずに終わってしまったのは、情けないことであった。

そこへ、思いもかけぬ冷豆腐が二皿追加された。南豆腐《ナンドーフ》（絹ごし）と北豆腐《ベードーフ》（木綿）、それぞれ賽の目に切ってあり、「塩を振り、刻み葱と胡麻油をかけて食べなさい」という。ひと口食べて、「まいっ

京華食苑で味わった中国豆腐料理の粋
［左］木綿の北豆腐（上）と、絹ごしの南豆腐（下）。ともに、塩と胡麻油と刻み葱で食べる。どちらも口の中で芳醇な風味が広がり、まいった！

［上段右から］
酸辣湯、鍋煬豆腐、一品豆腐
［下段右から］
麻婆豆腐、蘭花豆腐、什錦拼盤

た」。濃厚かつ爽やかな大豆の味が口いっぱいに広がり、塩と油と葱というシンプルな調味がそれをさらに引き立てる。中華料理は油っこい、という先入観が見事にひっくり返った。火を通す場合はいろいろな調味料を使うが、生の豆腐は醬油ではなく、塩で食すのが正道であるという。これは良い意味でショックであった。ここで生の豆腐を食べる機会を得たことで、その後試した様々な豆腐料理を判断する基準が出来たように思える。この、豆腐を塩で食べるやり方は日本に帰

高碑店の市場にて。
前列はすべて揚げたり煮たりした豆腐製品。

これが豆腐脳、言い得て妙のネーミング。
健康的な朝食である。

豆腐は切り売り。
みな分銅の秤を使っている。

［左］どうみても麺類にしか見えない豆腐絲。
［下］小吃店で作ってもらった「涼拌五香豆腐絲」。豆腐絲を葱、人参、香菜と胡麻油であえたもの。

ってからもよく試している。

名前も秀逸「豆腐脳」と「豆腐絲」

朝早く、北京市南西に隣接する定興県の市場を見物に行く。曇りなのかスモッグなのか、相変わらずの空模様だ。北京市の南西に延びている高速道路を突っ走る。途中、盧溝橋や北京原人の周口店が近くにあると説明を聞いているうちに、車は濃霧にすっかり包まれて二、三メートル先もわからない。それでも黄さんは突進していく。約二時間、八時前には高《ゴオー》碑店《ベイーデン》という町の自由市場に到着。

三百メートルくらい続く道の両側に露店が並ぶ。市場の入口の所に「西安風味豆腐脳」の看板がぶら下がっていて、焼けた鍋の中、煮出した番茶のような色の湯に豆腐のかたまりがフワフワと浮いている。簡便なテーブルとベンチが並び、土地の人たちはその丼に辣油、醤油、香菜をパッと入れ、プラスチックの蓮華ですくっている。油条や餅と共にこれを食すのが、ここの一般的な朝食らしい。どう見ても清潔とは言い難いが、一碗、薬味を入れず、恐る恐る啜ってみる。なかなか美味しい。豆腐は固める前の、いわゆるよせ豆腐のようだ。湯に味はついていないが軽い焦げ味がする。これが西安風味なのか売り子に聞いてみたが要領を得ない。

売っている豆腐は、四角い木箱に入っている。切り出して掌にのる大きさで大体五百グラム、値段は二元（約三十円）、無造作にビニール袋に抛りこんで客に渡している。ハガキくらいの大きさで五、六ミリの薄い豆腐もある。生揚げあり、味をつけて大きなサイコロ状に揚げたものあり、まるでキリンの皮を剥ぎ取ったようなのは藁を敷いて煮たものだそうだ。揚げた豆腐だけ何種類も並べた屋台もある。

北京の市場でも見かけた豆腐絲だけを売っている人が何人かいる。豆腐絲はちょっとゴム紐のように見える。六、七十センチもの長さがあって、高々とかかげて客に見せたり、また箱にもどしたりしているのに切れもしない。『豆腐百珍』にある「うどん豆腐」や「線麪《せんめん》豆腐」を再び思い出す。聞いてみると、ここ高碑店は豆腐絲の発祥の地とのこと。

どうやって作るのか見てみたくて、人のよさそうな絲売りの女性に頼みこんだところ、気持ちよく承知してくれる。約束の時間は十一時。まだ二時間ほどある。

大通りを挟んで向い側にも市場があり、ここは両側の柳の並木が五百メートルほども続き美しい。片側は全部衣料品ばかり、もう一方に食品の店が続く。あまりの暑さにひと休みしようと市場の出口にさしかかったら、お誂え向きに小吃《シャオチー》店があり、ビールのついでに豆腐絲の料理を頼む。主人はおもむろに店を出て一束の絲を片手に戻ってきた。市場で買ってきたのだ。絲を適当な大きさに切り、人参、香菜、葱を盛り合せ、胡麻油であえて一丁上がり。ビールを二、三杯ひっかけてる間のスピード料理だったが、絲は歯応えがあり、どうしてなかなかいけるものだった。あれだけ手荒に扱っても切れないのだから、その腰の強さは相当なもので、麺状にするのは食べやすくする工夫かもしれない。

コップ片手にメニューを見ていたら、何と「熊掌豆腐」というのが目に入った。熊の掌と一緒に煮るのかと聞いたら、ニヤッと笑って、掌くらいの豆腐を揚げただけという。注文したかったのだが、待合わせの時間になり、残念ながらあきらめる。

「豆腐絲」はこうやって作る

絲売りの女性の自転車の後をゆっくりと車でついて行って三十分、のどかな田園風景の村へやって来た。西辛告《シーシンゴオーツウン》村、人口六百人ほどで、四軒の豆腐屋があるという。

早速、ご主人の李漢友さんに豆腐絲の作り方を見せてもらう。以下、ざっと記す。

一晩水に漬けておいた豆を、水を差しながらミキサーにかける。豆乳とカラは自動的に分離して豆乳は釜の中へ、カラは再びミキサーに戻し、搾れるだけ豆乳をとる。

豆乳は釜で一時間煮る。途中相当の泡が出るが消さない。燃料は薪。李さんの小学生の娘さんが、一生懸命フイゴで空気を送る。

甕（径七十センチ、深さ一メートル）に豆乳を移す。このとき、プーンと焦げの臭いがする。九十度になったら苦汁《にがり》を打つ。夕顔かひょうたんの柄杓（一・八リットルくらいか）に中華の玉杓子一杯の苦汁と水を入れ、豆乳に加える。これを四回繰り返し、二、三度掻きまわして蓋をする。

五分後、小枝の少し残る竹の枝を甕の真ん中で静かに動かしながら寄り具合を慎重に見る。木製の槽《ふね》（五十×四十センチ、深さ二十センチ）に、厚手で長さ数メートルもある晒木綿を敷き、おぼろ状になった豆腐を、平たい大きな柄杓で二杯汲みとって流す。布を折り返し、豆腐を流す。これを三十回繰り返す。ここは夫婦の共

李漢友さんの豆腐絲作り

[上右]大豆をミキサーにかけて出来た豆乳を釜で煮る。フイゴ係は小学生のお嬢さん。

[上左]苦汁を入れて固まりかけたものを布を敷いた槽に布を折り返しながら流す。

[左]重しをかけて約一時間後、薄く固まった豆腐を干して熱を取る。

[下二点]十枚ほどの豆腐を重ねて定規を当てて切ってまとめれば、豆腐絲の出来上がり。

淮南市「龍湖集貿市場」の豆腐店。
こちらの豆腐は丸い。
右も豆腐の一種で10センチ四方の「白干（バイガン）」。

この奇妙な形のねじり棒も豆腐。

次々と結び豆腐ができていく。

同作業で、李さんが豆腐を汲み、奥さんが布を折り返すのが絶妙のタイミングで進む。

槽に木枠をかぶせ、蓋を置いて天秤で七十五キロの重しをかける。

待つこと一時間。この間に釜の掃除をする。空になった釜底を金篦でガリガリ削りはじめた。豆乳を煮ている間、一度も掻きまわしたりはしないので、釜底で豆乳は少しずつ焦げついていたのだ。普通の豆腐も、豆腐絲も作り方は途中までは同じで、それが西安風味かどうかはともかく、あの焦げた匂いの正体はこれだった。

静かに布をはがし、薄く固まった豆腐を一枚一枚、張ってあるロープにひょいひょいと掛けていく。すっかり熱が冷めたら、全部を重ねてガラス板の上で定規を当てながら、五ミリ幅に切る。くるくると一束にまとめて、出来上がり。仕事はすべて、李さん夫婦と娘さんの三人の共同作業である。

待ち時間の間、昼食を出してくれた。奥さんがかまどで餅を焼き、それで豆腐絲、葱、胡瓜の細切りを包んで食べる。餅の焼き加減のよさに感心するばかり。中庭では鶏が走り回り、納屋ではロバがのんびりと尻尾を振っている。この村に日本人が訪れたのは史上初とのことで、撮影の間、近所の人たちが入れ代わり立ち代わり見物にやってきてちょっとした騒ぎとなる。最後、皆で記念撮影をしてお別れとなった。忘れがたい村であった。

夜、北京を発って安徽省の合肥に向う。

「臭豆腐」との意外な出会い

合肥から北へ車で二時間、いよいよ〝豆腐発祥の地〟淮南市に入る。

市内で最大という「龍湖集貿市場」はアーケードになっていて、ガラス張りの天井を通して明るい日が差しこんでいる。

入口から向って右側は食肉、魚、干乾物、左側が豆腐製品の店々、中央に野菜や香辛料と整然と並んでいる。約三百軒はあるだろう。

野菜が豊富で、特に豆類が多いのは、さすがに豆腐が生まれたという場所である。大豆、緑豆、小豆、蚕豆《そらまめ》、そしてすごい量のもやしを積み上げるようにして売っている。枝豆はみなむいてあるのがうらやましい。あれはあの薄皮をむくのが結構面倒なのだ。

豆腐屋は六、七軒。板の上にのっている豆腐が丸い。ここでは径六十センチぐらいのザルで流し固めるのだ。日本で今はやっているザル豆腐というわけである。パック入りの豆腐も置いてあるがあまり人気はないという。

大きなねじり棒形の豆腐製品が面白い。鶏のもも肉のもどきで、輪切りにして料理に使うという。隣では湯葉を結んでいるのかと思ったら豆腐だという。『豆腐百珍』では、生の豆腐で「結び豆腐」を作るのだが、ずいぶんと難しかった。しっかり押しのきいた粘りの強い豆腐でなければそう簡単に作れるわけがない。

見ていると、どの買い物客の籠にも必

ず豆腐や豆腐製品が入っている。やはりよく食べるのだなあと実感した。

かねて聞いていて、是が非でも食べたかった臭豆腐《チョードーフ》があった。薄切りの豆腐を発酵させたもので、大きな甕の中の真っ黒な液に漬けこまれている。鮒寿司やくさやは食べ馴れているが、鼻を近づけてみるとやはり臭い。漬けこむ液の内容についてはついに教えてくれなかった。揚げて食べるという。どこか食べさせる店はないか聞いたら、庶民の食べ物で、レストランなどではやっていないという。

すると、現地のガイド嬢が食べられるところを知っているというので案内してもらう。どんなに汚い店かと想像していたら、何とファストフードの小吃《シャオチー》店である。得体の知れぬ黒い液に包まれた古めかしい臭豆腐が、若者しか寄りつきそうもないモダンな店にあるとはあまりにも劇的である。それだけ長い時代を経て食生活の中にしっかり定着した食べものなのだろう。臭豆腐は豆腐が生まれた頃の面影を残しているのかもしれない。

臭豆腐は田楽刺しになってカウンターの上に山積みになっていた。揚げ立てに味噌をつけて食べる。揚げてもなお臭いが、好きになったらやめられなくなりそうな感じはする。

ついにやって来た“豆腐の故郷”

日はまだ高いので、劉安が昇天した地とされ、その墓もある八公山《バーゴオンサン》へ行くこ

刈り入れた大豆は道路に敷いて車にひかせて豆をはじかせる。

淮南の市場で出会った臭豆腐。市場の店先で真っ黒な漬け汁に漬けられて強烈な臭いを発していた(上)が、揚げると(下)いくぶん臭いは穏やかになる。

とにする。街道はトラックと石を運ぶ小さな四輪車の往来がひっきりなしである。このあたりは頁岩《けつがん》や石膏の産地だという。道端には梨売り、ザクロ売りが点々として炎天下の喉を潤してくれる。

「ストップ」と松藤カメラマンの声が掛かり、なにごとかと思ったら窓の外は一面の大豆畑で、松藤氏は車が止まるか止まらぬうちに飛び出し、はやシャッターを切っている。山道に差しかかると、刈り入れた黄色い大豆を道の片側に掃き寄せている農夫たちがいて、松藤氏、再び飛び降りる。聞けば通りがかりのトラックや荷車にひかせて豆をはじかせ、それを集めているのだという。撮影用に少し大豆を分けてもらおうと思ったら、ちゃっかり一キログラム十元（約百五十円）で売るという。日本では骨董屋に置いてありそうな天秤で計っている。そういえば、町や市場の豆腐売りもみな天秤を使っていた。

気がつけば辺りは山ばかり。標高はあまり高くなく、なだらかな丘陵が続く。

［上］梨を売る少女たち。その向こうからなだらかに広がる八公山。
［下］八公山郷の大豆畑。

八公山とは一つの山の名ではなく、八つの山を指すというのでもなく、その昔、淮南王の下にいた八人の仙人を八公と呼んだのが由来で、ぐるりと見渡せる山々がみな八公山なのだとの説明に、如何にも茫洋として大陸的だなあと思う。

　まずは「漢淮南王」の墓に参る。高さ四メートル、幅一・五メートルぐらいで清朝同治八年の建立というから百三十年前と意外に新しい。文革の時にでも倒されたのだろうか、大きな亀裂が二、三本走っている。他の石碑などもみな新しく、豆腐の歴史の古さとそぐわない感じがする。

　墓の階段を降りてくると、無人だったはずの入口の小屋の前に、いつの間にか一人のおばさんが立って何かわめいている。自分は墓の管理人で入場料を払えと言っているらしい。参拝客などまず来ないであろう田舎なのに、いかにも中国らしいと、後で大笑いした。

　ほぼ真向いにある「中国豆腐村」の派手な門も最近建てられたらしい。まるで横浜の中華街の門を入るような気分だが、門の向こうも変わらず埃っぽい道が続き、ぽつんぽつんと土造りの家が建つ、ごく普通の村の風景だ。ここが我々の最終目的地である大泉村《ダーチエンツウン》である。村には二十四ケ所の泉があり、人口約二千人、全村六百戸のうち、四百戸が豆腐屋だというのには驚いた。

　話はともかく、村の名前の由来となっている「大泉」を覗いてみる。滾々と湧き出る水の流れの先で十数名の人々が洗濯したり、豆を浸したり、子供たちが水遊びに興じたり、どこも変わらぬ光景だ。桶を両天秤にかついだ人々が次々と水を汲みにやって来る。

　近くにあるもう一つの泉「瑪瑙泉」で

漢淮南王・劉安の墓。

村の名の元となったという大泉には
人々が次々と水を汲みに来る。

［上2点］瑪瑙泉で水を汲む陸新珊さん。
1日5、6回は来て、家まで桶を担いでいくのだという。

水を汲んでいる若い娘さんが豆腐を作っているというので、後を付いて行く。ゆるやかな登り道を歩き家の前に着く。広々としていて犬、猫、鶏の出迎えを受ける。ここ陸さん一家は、三人の娘さんが豆腐を作っているということで地元でも評判らしい。

　豆腐作りは、いつも午後四時過ぎからで、今日もこれからだということで見せてもらう。作業の手順は西辛告村の李さんと同じで、違うのは苦汁ではなく石膏を使うのと、木箱ではなくザルに流すことの二点である。ザルに布を敷き豆腐を流し、布がまくれないように手ごろな石を二つ、三つのせる。軒先に一晩置いて、翌朝、市場へ売りに行くというのだ。明朝改めて訪ねる約束をする。

中国の市場で築地を思う

　朝六時に豆腐村に到着する。例の門から、ぞろぞろというほど大勢の人々が、自転車の荷台に積んで、あるいは天秤に

[上右]大豆をミキサーにかける三女の陸新珊さん。
[上左]豆腐をザルに流す次女・陸新萍さん。
[下左]丸いザルで豆腐を固める。

かついで徒歩で、豆腐売りに出かけて行く。クモの子を散らす、という表現がうかぶ。それを見て、歴史上の真偽はともかく、ああ、ここはやはり豆腐の故郷だ、と実感した。

陸さんの上の二人の娘さんが自転車の荷台に七枚のザル豆腐を振り分けて積み、ゆっくり坂を下りて門を出る。近くの店に三枚を卸し、一番上のお姉さんが自転車をこいで市場に向う。

朝6時ごろ、横浜中華街の門のような大泉村の門をくぐって人々が続々と豆腐を売りに出かける。左の自転車が陸さん姉妹。

健脚である。三十分以上、一枚十五キロの豆腐を四枚載せて走ってケロリとしている。総じて女性も子供たちもよく働くのには感心させられた。市場は淮河の支流のほとり、寿県城である。東西南北それぞれの門に市が立ち、陸さんがいつも店を出すのは西門の市場である。

寿県城は宋時代の城壁に囲まれ、門を潜ると急に人のざわめきが伝わってくる。城内はさして広くないが往時もかくやと思うゆったりした雰囲気が流れていいてもいい。どこの市場もそうだが、相変らず季節の食材は豊かで、とりわけ川魚と川海老の鮮度と質が抜群で、川海老などは透き通っている。

それにつけても思うのは東京中央卸売市場である。東京の料理屋にとっては近くて便利、外国の観光客には世界中の魚や野菜が集まっているので楽しいらしいが、種類が沢山あるから豊富とは言えない。冷凍魚や養殖ものが目立つ市場からは、腹の底から湧き上がる活気は生れない。巨大な市場の歪みはそのまま私たちの食卓へと続いている。

さて、市場から戻って、午後、大泉村にもう一軒の豆腐屋を訪ねる。

陸三姉妹の家の近くの張さんも石膏で豆腐を固めているが、豆乳を入れた甕の中に太いパイプを差し入れ熱い蒸気で煮ている。つまり直火による焦げつきがないわけで、ここでご馳走になった出来立ての豆乳は純白で焦げ味もせず、実にうまかった。面白かったのは豆腐が固まりかかると近所の二歳くらいの子がやってきて甕の縁に背伸びして、張さんがそこへ豆腐をちょこっとのせてやると、するっと啜りこむのである。毎日、豆腐の出来る時間に合わせてやってくるのだそうだ。子供の舌は正直なものである。

できたての豆腐の味見に現われた近所の子供。

実感した本場の底力

八公山から淮南市に戻る道沿いには数軒の豆腐料理屋があり、二軒並んでいるところへ飛びこんでみたが、すべてに対照的であった。

一軒はタイル張りの見付きで、冷房完備、個室有り。もう一軒は何の体裁もない店。それぞれ何か代表的な豆腐料理を三品ずつ、と頼んだ。たまたま「鍋貼豆腐」(油で豆腐を焼き、卵でとじたもの)が両店で重なったが、出来上がった料理の味は店の恰好とは正反対であった。汚い店の方はまあまあ、立派な方は極めて悪い。

大泉村の張さんの家にて。
布に包んだ豆腐を一晩寝かせ、余分な水分が抜けた豆腐は、日本のものよりずっと腰が強い。

二軒並んだ豆腐料理屋で三品ずつ作ってもらった。(右)の上と(左)の左が同じ「鍋貼豆腐」。結果は本文参照のこと。

値段も、汚い方が六十元だったのが、立派な方で四百元を請求されたのには目をひんむいてしまった（交渉で七十元に下がったが）。

淮南の市内で最後に寄った店はガランとして店の者が二、三人いるだけだったので、どんな料理が出来るのか聞いてみたら、八百種類の料理があるという。それではとメニューを見せてもらいざっと数えたら、確かに百種類以上の料理があった。あながち八百種類というのも嘘ではないのかもしれない。

江戸時代に『料理通』を著した八百善主人の栗山善四郎は、精進料理や卓袱《シッポク》料理を知るために上方、長崎へ遊学したと自ら書き記している。近くは北大路魯山人も中国、朝鮮を訪ねた後に、明らかに彼の地の影響を受けた料理を作っている。

中国でつくづくうらやましかったのは、豆腐そのものの種類の豊富さである。固さ、柔らかさ、形、あるいは揚げたりした二次製品のバラエティ。それによって、自然と豆腐料理の種類も広がっていったのだろう。

日本では豆腐には水のきれいさだけを求め、生でうまければよし、とするような傾向があるが、そこは中国、いかにうまく料理するかという執念が凄い。わけのわからぬたべものもあったが、火と油の料理の迫力には圧倒された。

『豆腐百珍』の料理再現で右往左往した一年も、中国で得たたった一週間の豆腐体験に及ばぬ思いがする。本家とか元祖とかいうけれど、本場ものの持つ底力は実際に体感しなければわからぬものだ。この経験の何分の一かでも生かせればと思う。

地図製作……ジェイ・マップ

ブック・デザイン

大野リサ+川島弘世

協力

石山豆腐店
ゑん重豆腐店
悦
柿の木
宏西堂
万葉洞
星の樹
丸山商店

本書は《とんぼの本》『豆腐百珍』(1998年1月刊)を改訂したものです。
「豆腐の故郷を訪ねて」は、「芸術新潮」1998年1月号の
「江戸っ子料理人、豆腐のふるさと中国をゆく」を再編集しました。

豆《とう》腐《ふ》百《ひやく》珍《ちん》

発行 2008年1月25日
6刷 2024年5月15日

著者 福《ふく》田《だ》浩《ひろし》　杉《すぎ》本《もと》伸《のぶ》子《こ》　松《まつ》藤《ふじ》庄《しよう》平《へい》

発行者 佐藤隆信
発行所 株式会社新潮社
住所 〒162-8711 東京都新宿区矢来町71
電話 編集部 03-3266-5381
読者係 03-3266-5111
https://www.shinchosha.co.jp
印刷所 TOPPAN株式会社
製本所 加藤製本株式会社
カバー印刷所 錦明印刷株式会社

©Hiroshi Fukuda, Nobuko Sugimoto,
Shohei Matsufuji, Shinchosha 2008,
Printed in Japan

乱丁・落丁本は、ご面倒ですが小社読者係宛お送り下さい。
送料小社負担にてお取替えいたします。
価格はカバーに表示してあります。

ISBN978-4-10-602167-1 C0377